人生儀禮

出生、成年、結婚、喪葬 四大事

最古老、最瑣碎、最難以理解的繁文縟節，
現在這個時代的年輕人，聽到只會覺得好納悶！

韓品玉 主編
徐文軍，王靜，馬瑋楠 編著

你一定或多或少聽過一些老一輩的人流傳下來的習俗，
有的看似完全不合理，也沒有科學根據，卻只能照辦？
只能說：真的不明這些舊禮！

孕期忌諱 × 滿月周歲 × 姓名生肖 × 做十六歲 × 聘禮迎親 × 洞房花燭

最齊全的儀禮懶人包，一輩子生老病死都幫你包辦了
——————————反正遲早都會用到！

目錄

目錄

前言

　　生命，是生與死之間的一種過渡。這種過渡是透過每個人年齡的增長來呈現的，通常以「歲」為單位計算。具體說來，年齡每增加一歲，人生就前進了一步，或者說距生命的起點遠了一步，離生命的終點則近了一步。唐代詩人劉希夷在〈代悲白頭翁〉詩中感嘆：「年年歲歲花相似，歲歲年年人不同。」確實如此，每一歲都是人生的一個新階段，每一歲也都有對應的人生儀禮，比如每一年的生日。但是，人生中最重要的儀禮，只出現在生命中最重要的幾個時間點上。

　　人生的儀禮，有些書上也稱為「個人生活儀禮」，國際上則通稱「The Rites of Passage（通過儀式）」，主要是指人一生中重要節點上的相關禮俗 —— 通常是指生、長、婚、喪四大儀禮。生，即誕生禮；長，即成年禮；婚，即婚禮；喪，即喪禮。

　　唐代詩人杜甫在〈曲江二首・其二〉詩中感嘆：「人生七十古來稀。」元代文學家盧摯在其〈雙調・蟾宮曲〉中又具體演繹了「人生百年」的過程：

　　想人生七十猶稀，百歲光陰，先過了三十。七十年

前言

間，十歲頑童，十載尪羸。五十歲除分晝黑，剛分得一半兒白日。風雨相催，兔走烏飛。仔細沉吟，都不如快活了便宜。

雖然曲子的最後流於消沉，但它對人生的概括很值得我們深思。說人生「百歲光陰」，其實「人生七十古來稀」。而在這七十年光陰中，前十年是幼稚的兒童，再十年是瘦弱的少年，真正成熟、獨立的成年階段，只有五十年。這五十年再除減去晚上休息的時間和年老多病的階段，留給我們生活、學習和工作的時間還能剩多少呢？從這些作品中我們也可以看出古人對於生命的熱愛和敬畏。正是出於這個原因，在出生、成年、結婚、死亡這幾個人生最重要的節點上，形成了莊嚴隆重、複雜多樣的儀禮。所以說，人生儀禮中蘊含的文化內涵，是非常深刻而莊重的。

學習人生四大儀禮，對於我們明白人生不同階段的不同意義，理解生命的價值，都具有重要的作用。

第一章　誕生禮

▌誕生禮概述

　　所謂誕生禮，是指伴隨著一個人的出生而出現的一系列儀禮。具體說來，誕生禮又有廣義、狹義之分。廣義的誕生禮，包括求子習俗、生子習俗、佑子習俗、取名習俗等；狹義的誕生禮專指過生日（老年人的生日稱為「壽禮」）。

　　關於誕生禮的起源，目前還沒有統一的說法。《禮記‧內則》中就有生男孩「設弧於門左」、生女孩「設帨於門右」的記載，此即後世生子習俗中「挑紅報喜」的源起，屬於廣義誕生禮的範疇。由此可見，誕生禮當起源於先秦時期。此後，漢代有了設生日宴會的習俗，唐代有了「洗三」、吃生日湯餅（長壽麵）等習俗，宋代又有皇帝向臣子送生日禮物的習俗（參見宋代王珪〈賜參知政事歐陽修生日禮物詔〉），等等。

　　誕生禮是人生的第一個重要儀禮，它代表著一個生命的開始和延續，在諸多的人生儀禮中占有突出的地位。在歷史長河中，圍繞著誕生禮，不同時代、不同地域、不同民族出現了豐富多彩的儀式和禮俗。

　　按照漢族的傳統禮俗，嬰兒從出生到周歲，就要舉行挑紅報喜送喜蛋、三日洗兒賀新生、滿月擺酒剃胎髮、百

歲兒穿百家衣、周歲試兒抓周禮等不同的活動。至於狹義的誕生禮，即過生日，更是貫穿大多數人一生的慶生活動。時代不同，地域不同，這些禮俗也有所不同，再加上各民族的慶生禮俗，相當豐富多彩。誕生禮中的習俗，還時常見諸古代詩文。比如宋代王十朋的〈萬先之生兩男作洗兒歌賀之〉中說：「君不見徐卿二子生絕奇，熊羆入夢非同時，徒煩孔子與釋氏，兩回抱送麒麟兒。……我忝通家同筆硯，聞君得子歡無間。殷勤為作洗兒歌，覓取金錢三百萬。」「熊羆入夢」、「麒麟送子」都是民間傳說中生子的預兆，「洗兒」則是傳統的生子習俗。清代趙翼〈昨歲除夕香遠內弟得一子〉中詩中還提到孩子出生後舉辦湯餅筵的習俗：「紛紛羊酒賀親鄰，湯餅筵開喜氣新。」

摸釘　　　　鉸頭　　　　抓周

洗兒　　　　祝壽

豐富多彩的誕生禮

▎求子習俗

　　廣義的誕生禮，是從求子習俗開始的。求子習俗，也稱祈子習俗，主要是指在女性婚後未孕期間種種祈求得子的習俗。中華文化自古以來就十分重視子嗣的問題，與此相應的求子習俗源遠流長。其實，在傳統的婚禮中就已經包含了求子的內容。比如宋代開始流行的「回魚箸」習俗，「魚」象徵多子，「箸」即筷子，象徵「快生子」之意。直到今天，有些地方的婚禮還會在門上放一雙筷子，也是寓意「快生子」。新房中張貼的〈百子圖〉等圖畫，婚床上撒的棗子、花生、桂圓、栗子等乾果，也都含有求子的寓意。

百子圖（局部）

向神靈求子

　　古人對生育問題缺乏科學性的認知，認為孩子是上天賜給自己的，所以，向神靈求子是一種最普遍的求子方式。在古代，人丁多少是衡量家族是否興旺的主要標準，民間更是崇尚多子多福，把傳宗接代當作人生第一重要之事。因此，送子神在古

高禖祠中的女媧娘娘神像

人心中的地位非常高。民間傳說中專門或兼職掌管生育的神靈很多，比如女媧娘娘、祖先神、送子娘娘、送子觀音、張仙、金花夫人等，許多地方都為之立廟建祠，香火旺盛；有些傳說中的靈獸，如麒麟，也有送子的神通。向神靈求子的方式有「拴娃娃」、「押枝」、「拴枝」等。

　　女媧是中國古代神話中人類的始祖，民間都稱她為「女媧娘娘」。根據古代文獻記載，女媧主要有三件功績：一是摶黃土造人，二是煉五色石補天，三是設置婚姻

使人類得以繁衍。由於女媧的傳說與人類的繁衍、婚姻關係密切，人們建造了「高禖祠」（後世多稱「高媒祠」）來供奉她，俗稱「女媧娘娘廟」。「禖」是古代求子所祭之神，也指古代求子的一種祭祀儀式。最早的送子神，自然非女媧莫屬。到女媧娘娘廟求子的習俗在各地非常流行。

　　祖先神，即奉祀在宗廟中的祖先的神主牌位。祖的本字作「且」，本義是指奉祀祖先的宗廟，即祖廟。後世所說的「祖先神」不僅指象徵祖先的牌位，而且指具有神祇特徵的祖先的神靈，也就是將祖先當神祇來崇拜。從淵源來看，祖先神的信仰應該來自「且（祖）神」的崇拜，即來自原始的生殖崇拜。因此，祖先神也是傳統求子習俗中能夠保佑後代人丁興旺、家族興盛的神靈。祖先崇拜在民間久傳不衰。

　　送子娘娘又稱「註生娘娘」，是漢族民間信仰中掌管生育的神靈。在古代，前往送子娘娘廟求子的婦女，要虔誠地擺上供品，點燃香燭，行跪拜禮，並禱告送子娘娘賜子於她；然後「搏簽」，求得「上上籤」，就代表送子娘娘已願賜子給她；隨後起身將事先準備好的小衣裳給送子娘娘神像懷中的「娃娃」穿上，再虔誠地拜一次。孩子出生之後，求子者還要再來廟中還願，以油飯、雞、酒供奉

送子娘娘。所以，古代送子娘娘廟的香火十分旺盛。送子
娘娘的信仰寄託著古代人民對美好生活的熱愛、嚮往和
追求。

送子娘娘神像

送子觀音即觀音菩薩。傳說觀音菩薩大慈大悲，法力
無邊。人們在生活中不管遇到什麼困難，都可以求助於觀
音菩薩。從文獻資料中的相關記載來看，最晚在南北朝時
期，「觀音送子」的觀念已經深入人心。觀音菩薩在佛教
中既不是地位最高的，也不是能力最強大的，但是由於傳
說她有送子的神通，所以在民間備受尊崇。

張仙是民間信仰與道教傳說中掌管生育的送子神和護
子神，他不僅能夠保佑人們生育子嗣，而且能護佑新生兒
健康成長。送子娘娘、送子觀音的神像一般被供奉在廟

裡，張仙的神像則多以畫像的形式被求子者掛在家中。其形象通常被描繪成一位瀟灑脫俗的美男子，或手持弓箭，或手握彈丸，身前還跟著幾個童子。在送子神大都是女性神祇的民間信仰中，張仙以男子形象來承擔送子的重任，這是非常少見的。

齊白石〈送子張仙射天狗圖〉

　　麒麟是傳說中的一種靈物,與龍、鳳、龜並稱「四靈」。據說它的形體長得像鹿,全身有鱗甲,頭上長有肉角,尾巴像牛尾,看上去威武雄壯,卻從不傷人害物,是「百獸之長」。古人認為麒麟是含仁懷義的聖獸,「麒麟送子」的說法在民間廣泛流傳。傳說孔子出生之前,就有麒麟現世的瑞兆。傳統年畫常以「麒麟送子」為題材,並刻上「天上麒麟兒,地上狀元郎」的對聯,作為佳兆。人們也常稱許自己家族中聰慧可愛的男孩為「吾家麒麟」,美稱他人的兒子為「麒麟兒」、「麟兒」,稱年輕的穎異俊秀之人為「麟子鳳雛」。

麒麟送子年畫

古人在向神靈求子的過程中，形成了一些特殊的禮俗，「拴娃娃」、「押枝」、「拴枝」就是其中的代表。

　　拴娃娃是流行於北方民間的一種求子習俗，又稱「拴喜」、「拴孩兒」、「抱孩子」等。清代紀曉嵐《閱微草堂筆記》中有相關記載，可見拴娃娃的習俗最晚在清代已經流行。按民間習俗，拴娃娃的儀式一般在供奉觀音菩薩、碧霞元君、張仙等送子神的寺廟中進行，說明這一習俗的形成與送子神的信仰有關。求子者在供奉送子神的寺觀中進香、隨喜之後，按自己的心願，用紅線拴住一個供在神像前的泥娃娃，拿回家後放在枕頭底下，據說第二年就會生子。

　　據調查，很多華人地區都有拴娃娃的習俗，儀式各不相同。比如，山東聊城是在觀音廟裡拴娃娃，觀音像前供奉的泥娃娃形態各異，並且全是男孩；山東惠民是在每年農曆二月初二舉辦的泥娃娃廟會上「請泥娃娃」；膠東一些地方是在土地廟「搶娃娃」；河北邯鄲一帶是在每年農曆三月十八的媧皇宮（女媧娘娘廟）廟會上拴娃娃等等。

　　押枝，也稱「押子」，又寫作「壓子」、「壓枝」，是流行於北方的一種求子習俗，一般是在有廟會的名山古岳中進行。每逢廟會之日，求子者在朝山進香的路上，先選擇一棵中意的松柏樹，向神靈祈禱後，再把事先選好的石塊或石卵放在樹枝上，儀式即完成。當你爬山時，在沿途

的松樹上，會看到許多夾在樹枝間的石頭，那就是求子者「押枝」時放上去的。

拴枝也叫作「拴子」，原本與押枝相近，是在路旁的松樹或柏樹枝上拴一條紅絲帶以求得子的習俗。然而，時移世易，拴枝求子的習俗在今天已經演變成人們許願祈福的一種儀式，紅絲帶或彩絲帶變成了「許願帶」。人們往往把心中的願望寫在絲帶上，在絲帶的一頭綁上一枚銅錢，然後把許願帶丟到樹上。只要許願帶掛到了樹上，就意味著夢想成真。現在許多旅遊景點的樹上都掛滿了絲帶，成為一道亮麗的風景線。

拴枝

從拴枝等求子習俗的演變可以看出，隨著科學知識的普及和醫學水準的提高，人們已不再向送子神祈求子嗣，更不

會相信押枝或拴枝就能生育子女。傳統的求子習俗已被注入新的內容，成為人們追求幸福、美好生活的一種儀式。

其他求子習俗

除向神靈求子之外，民間還有一些特殊的求子儀式和禮俗。最常見的形式是由親友或特殊人物向盼望得子的家庭做出象徵性的「送子」舉動，比如送去某些特定的物品，傳說婦女吃或用了這些物品後就能懷孕。吃瓜求子、吃雞蛋求子、「添燈」等屬於此類習俗。還有一種形式是婦女本人做出一些象徵性的「求子」舉動，比如觸摸某些具有得子寓意的物品。「摸釘」就屬此類習俗。

在民間，瓜因其「子多」，常被用作求子祈嗣的一種媒介。其中，南瓜更是用來祈子的首選。胡樸安在《中華全國風俗志》中記載：1916 年 4 月 5 日清明節，恰逢陰曆三月初三，人謂之「真清明」，為百年罕遇之事。據當地故老相傳，那些沒有子嗣的人家，在「真清明」這一天要準備一個南瓜，全瓜入鍋煮爛。中午時分，將南瓜從鍋裡取出來，放在桌子上，夫妻並肩而坐，同時舉起筷子吃瓜，吃得越多越好。據說吃瓜之後，第二年就會生子。長江流域的許多地方都有這種風俗。

吳嘉猷《送瓜祝子圖》

在民間，雞（尤其是公雞）和雞蛋都寓有生育、繁殖的含義。因此，許多地方流行吃雞蛋求子的習俗。比如山東一些地方的「悄悄蛋」、天津的「碰頭蛋」等。有些地區還有吃「五彩蛋」求子的習俗，就是將各種禽蛋煮熟並塗上顏色，然後把五彩蛋放到河裡。彩蛋順水而下，等在下游的人們則爭相打撈彩蛋並即刻剝皮吃下，相傳這樣就可以孕育新生命。孩子出生後，也有吃「紅蛋」的風俗，就是主人家得子後把雞蛋煮熟、染紅，分給親友以表達自己的喜悅。

鳥圖騰崇拜是原始文化的一項重要的內容。有學者考證，古人崇拜的一些神鳥，原型其實是未經馴化的原雞。

元宵節摸門釘

古人認為雞和雞卵是吉祥、生育的象徵，所以慢慢形成了吃雞蛋以求子的習俗。

婦女吃某一種東西就能懷孕的觀念由來已久，古代神話中就有簡狄吞燕卵而生契、女嬉食薏苡而生禹的傳說。吃瓜求子、吃雞蛋求子的習俗都是這一觀念的民間傳承。

「摸釘」與「添燈」也是民間流傳較廣的求子習俗。「丁」是個象形字，本義就是釘子，後世用來指稱丁役（能為國家服勞役的青壯年男子）、人口或男孩。「燈」則與「丁」字音近。正是在諧音求吉的觀念影響下，民間逐漸形成了透過「摸釘」或「添燈」以求添丁進口的習俗。

摸釘，也就是摸門釘，主要流行於北方地區。門釘最早是用來加固門板的，後來成為大門上常用的圓頭裝飾物，其讀音接近「問丁」，寓意求子。明代蔣一葵在《長安客話》卷二「金銅釘」條中記載：每年正月十五上元節（即元宵節），京城的婦女多聚集在玄武門「摸金鋪」。

「金鋪」是對門戶的美稱，「摸金鋪」也就是摸玄武門城門上的銅門釘。因為相傳上元節摸金鋪，可以去病產子。清代潘榮陛《帝京歲時紀勝》中的「走橋摸釘」條，也記載了類似的求子風俗。這說明摸釘的習俗在明清時期已經十分流行了。

廣東洪梅的添丁燈

　　添燈是南方地區流行的求子習俗。添燈的時間大多是在每年正月十五燈節之後，二月初二之前。明代謝肇淛的《五雜俎》「上元」條中就有記載：福建一帶讀「燈」為「丁」，元宵節的時候，每添加一盞燈，當地人都叫作「添丁」。可見，此習俗最晚在明代已經流行。後來，添燈求子的習俗也流傳到其他地方，方式不同，稱呼也異。比如廣東各地的元宵節有祈燈、請燈、拾燈等風俗，目的都是求子。

　　摸釘與添燈一般是在元宵節前後進行，既增添了節日內涵的豐富性，又寄託了人們的美好願望。

▌生子習俗

所謂「生子習俗」，一般指從婦女確定「有喜」（懷孕）到坐完「月子」期間的習俗。它包括孕育期和生產期兩個階段，是傳統生育習俗中的重要內容。

孕育期的習俗主要是對孕婦的照顧和一些禁忌，尤其是飲食方面的禁忌；生產期的習俗，主要是對產婦和新生兒的祝福，也有一些禁忌。

由於古代農耕技術相對落後，耕種土地多為手工勞動，人口多、人丁旺就成為一個家庭或家族興旺發達的象徵，添丁進口、多子多福也就成了一種傳統觀念，並因此形成了繁瑣的生育習俗。其中尤以孕育期和生產期的習俗最受重視。重視孕育期可以確保胎兒正常發育、先天滿足，重視生產期則是為了保證嬰兒順利、健康成長。生子習俗的主要目的就在於保護懷孕期的婦女和月子裡的嬰兒。

同樣的風俗，在不同的歷史階段或不同的地域、民族，會呈現出不同的面貌和內容。而且，古人缺乏關於生育的科學知識和醫療條件，主要靠經驗和習俗來生兒育女。這些長期流傳於民間的生子習俗，有的是生育經驗的累積和總結，實踐證明確實符合科學理念，對保護婦女、

嬰兒有好處；有的則毫無道理可言，甚至荒唐可笑、愚昧無知。因此，對於傳統的生子習俗，我們應該辯證分析，客觀對待，既不能凡是傳統的都要恪守，也不能凡是民間的就一概拋棄。

孕期禁忌

婦女懷孕之後，身體和精神方面都會出現一些變化，民間稱之為「害喜病」。民間對「害喜病」的婦女有許多特殊的照顧和禁忌。

在對孕婦的特殊照顧方面，有些習俗是有科學道理的，比如不能讓孕婦過度勞作，不能讓孕婦生氣，以免動了胎氣等。有些習俗則毫無道理可言，比如雷雨天孕婦要躲在屋裡，手持紅布避邪。類似的不科學的習俗，現在大多已經被淘汰了。

在孕期習俗中，更多的是禁忌。比如孕婦不能參加婚禮、喪禮，不能隨便串門，忌聽邪聲怪聲，忌接近牲畜，忌在門口伸頭縮頭，忌隨意抬舉手臂等。我們應該謹慎地看待這些孕期禁忌。比如孕婦不能參加婚禮，傳統的說法是怕保護新娘的喜神與守護孕婦的胎神發生衝撞，這當然是無稽之談；而從科學的角度來說，婚禮現場一般人員密集、環境嘈雜，孕婦確實不宜過多地出現在這種場合。對

此，我們必須以科學的眼光和理性的態度來評判和取捨。

　　飲食禁忌是孕期最重要的禁忌之一。為了確保孕婦與胎兒的健康，家人會想方設法為孕婦增加營養，同時儘量避免不利於孕婦和胎兒的食物，因此，在孕婦的飲食方面出現了許多特殊的禁忌。西晉張華的《博物誌》中就有記載：孕婦不能吃一些稀奇古怪的食物；不能吃牛心、白犬肉和鯉魚頭（沒說什麼原因）；不能吃兔肉，因為孕婦吃兔肉會讓嬰兒豁唇（即「兔唇」，俗稱「三瓣嘴」）；不能吃生薑，因為孕婦吃了生薑會使嬰兒多長出一個手指（即「枝指」，俗稱「六指」）。從現代醫學及食品營養學的角度來說，古人對孕婦提出的這些飲食禁忌，除不能吃異常食物之外，其他的都沒有科學道理。

　　從科學的角度來說，孕婦既然與常人不同，其飲食自然也該與常人有異。因為孕婦吸收的營養直接影響到胎兒的生長發育，所以，現代醫學和食品營養學也為孕婦的飲食提出了一些建議。比如：孕婦要多吃清淡的食物，忌食刺激性食物；要多吃富含營養、容易消化的食物，忌暴飲暴食；應飲食全面、營養均衡，忌偏食挑食；不宜大量食用山楂、桂圓，因為山楂會促使子宮收縮，桂圓會加重孕婦內熱，大量食用可能導致流產；不宜過量飲酒喝茶，因為酒中的乙醇和茶中的咖啡因一旦過量，會影響胎兒的正

常發育等等。

總之，民間流傳的孕婦飲食禁忌，一定要以現代醫學和食品營養學為檢驗標準。孕婦飲食要以全面、合理、自然、均衡為原則。

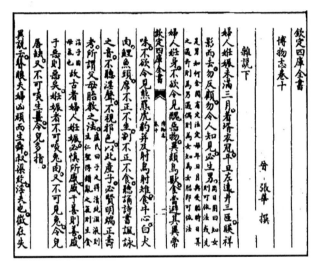

《博物誌》中關於孕婦飲食禁忌的記載

胎教之法

胎教之法，是指孕婦對胎兒進行預先教育的方法。辭典中解釋道：「孕婦謹言慎行，心情舒暢，給胎兒以良好影響，謂之『胎教』。」現代醫學和教育學都證明，胎教是一種行之有效的早期教育方法。

據西漢賈誼的《新書・胎教》記載，周武王姬發的妻

子懷著成王姬誦的時候,「立而不跛,坐而不差,笑而不喧,獨處不倨,雖怒不罵,胎教之謂也」。這說明,早在三千多年前的西周時期,古人就有了胎教的觀念,並自覺地去實踐。古人非常重視胎教,《大戴禮記‧保傳》中記載:「胎教之道,書之玉板,藏之金匱,置之宗廟,以為後世戒。」《韓詩外傳》卷九中也說,孟母懷孟子的時候,「席不正不坐,割不正不食,胎教之也」。至漢魏之時,胎教之法已經盛行。西晉張華的《博物誌》、北齊顏之推的《顏氏家訓》等書中,對當時的胎教之法已有了相對系統的論述。《博物誌‧雜說下》中首先明確指出「古者婦人妊娠,必慎所感。感於善則善,感於惡則惡」,然後具體指出了胎教的方法:婦女妊娠期間,不能見醜惡之物和異類鳥獸;飲食要避免吃那些平時不常見的食物;坐席擺得不端正就不坐,肉割得不方正就不吃;要常聽誦讀詩書的聲音,不要聽浮靡不正的音樂,不要看混雜不正的顏色。這樣生出來的孩子,聰明,端正,長壽。唐代醫學家孫思邈的《千金方‧婦人方上‧養胎第三》在總結前人胎教理論與自己臨床經驗的基礎上,將傳統的胎教之法總結為「外象內感」說,並指出,孕婦經常彈奏琴瑟,調節心神,和順情性,節制嗜欲,保持內心清淨,這樣生出來的孩子往往健康、仁義、聰慧。因為胎兒能感受到母親的

思想感情，所以孕婦必須謹守禮儀規範與胎教之法，從而給胎兒良好的影響。這些觀點和做法，在某種程度上符合現代教育學和優生學的理念。

《大戴禮記·保傅》中關於胎教的記載

　　當然，我們對傳統的胎教之法也應該辯證分析，客觀對待。像聽音樂、賞美景、讀詩書、保持好心態這些被現代醫學和優生學認可的做法，自然應該遵循；至於「孕婦見兔，其子缺唇；見麋而子必四目」之類的荒誕言論，則萬萬不可迷信。

坐月子

　　婦女生育後的第一個月稱為「月子」，醫學上稱為「產褥期」。俗話說：「孩生日，娘苦日。」隨著一個新生命的降生，母親的身體、心理在一段時期內會非常辛苦。因此，產婦生育後的第一個月，通常都會待在家中靜養身體，俗稱「坐月子」。實際上，根據現代醫學及臨床經驗，產婦從分娩結束到身體恢復至孕前狀態，需要六周左右的時間。也就是說，產婦「坐月子」實際需要六周——大約一個半月，而不僅僅是一個月。

　　為了儘快恢復健康，也為了讓嬰兒健康成長，產婦在坐月子期間必須透過特殊的飲食起居來調養身體，由此逐漸形成了許多坐月子的風俗。合理的飲食對產婦的恢復至關重要。一是要吃一些有營養、補身體的食物，以保證自身快速恢復。民間常吃的東西就是傳統的「三大樣」——黑糖、小米粥、煮雞蛋，因為民間相信，黑糖能補血，小米粥補元氣，雞蛋則能強壯身體。還可以吃一些祛風驅寒、活血化瘀的食物，比如益母草荷包蛋、當歸母雞湯等。二是飲食要儘量清淡，少吃鹽，同時吃一些催奶的湯類食物以保證母乳餵養，常見的有白水煮豬蹄、鯽魚湯等。產婦吃的鯽魚湯，有的甚至不放鹽，目的主要是催奶。三是不能吃生、冷之物，比如未加熱的水果、冷飲

等。因為婦女生孩子時會開骨縫，月子裡吃生、冷之物，可能留下牙齒鬆動、關節疼痛之類的後遺症（俗稱「月子病」）。四是飲食要有節制，不能進食太飽。婦女生產後肚子裡空了，很容易吃多，一旦吃多就會傷及脾胃，同樣會落下月子病。傳統習俗中產婦的日常起居也有許多講究，比如：產後三天不能下床，一個月之內不能出門；不能用冷水洗臉洗手，不能洗頭，不能刷牙，即使是夏天也要穿長袖衣服，並用圍巾包住額頭；不能做家事，更不能提重物；通常由丈夫、婆婆或母親照顧，禁止生人進入產婦、嬰兒的房間等等。

民間月子餐 —— 黑糖煮雞蛋

這些五花八門的坐月子習俗，雖然看上去更像是禁忌，有一些甚至不符合現代醫學的理念，但民間長期累積的經驗，大多是行之有效的方法。當然，隨著科學知識的

普及，現在產婦坐月子應該有更科學、更合理的方法。比如，按照傳統習俗，產婦月子期間幾乎只吃黑糖、雞蛋，喝小米粥、雞湯。一個月吃三十多隻母雞，一天吃十幾個雞蛋，顯然飲食不均衡。實際上，月子期間，除了「三大樣」之外，煮爛的麵條、鬆軟的米飯、熱呼呼的饅頭和蔬菜，都可以吃。在保證不著涼的前提下，用溫水洗頭、刷牙，自然也沒問題。

添喜與添丁

添喜，是民間對生小孩的雅稱。「喜」的本義是快樂、高興，後世也常用來指吉慶之事。婦女懷了小孩，叫作「有喜」；生了小孩，叫作「添喜」。

從文獻記載來看，南宋周密的《癸辛雜識》「人妖」條中就記載有「小說中有池州李氏女及婢添喜事」。這裡所說的「添喜」，就是生孩子的意思。此後，稱懷孕生子為「喜」的習慣便一直沿用下來。比如，《紅樓夢》第十回，尤氏說：「他（秦可卿）這些日子不知怎麼著，經期有兩個多月沒來。叫大夫瞧了，又說並不是喜。」這裡的「喜」是指「有喜」（懷孕）。《三俠五義》第一回：「單言郭槐奉了劉妃之命，派了心腹親隨，找了個守喜婆尤氏。」這裡的「守喜婆」，是指守護產婦的接生婆。

「添丁」是傳統生子習俗中生兒子的代稱。這一說法，據說是起源於唐代詩人盧仝為自己的兒子取名「添丁」。「添丁」的意思就是增添了一個壯丁。盧仝本人就有〈示添丁〉詩，詩中「忽來案上翻墨汁，塗抹詩書如老鴉」兩句，就是「塗鴉」一詞的出處。盧仝的好友、唐代大文學家韓愈也寫過一首〈寄盧仝〉，詩中說：「去年生兒名添丁，意令與國充耘耔。」此後，「添丁」一詞便一直流傳於後世。宋代陸游的〈臥病雜題五首·其二〉中說「身叨鄉祭酒，孫為國添丁」，是說自己有了孫子；趙鼎臣〈次韻夏倪均父見和轅字韻詩六首·其四〉中說「酒杯屢諫愁聽婦，丁口新添喜到孫」，「丁口新添」就是「添丁」的意思；清代金聖嘆的〈外甥七日〉詩中說「亂離存舍妹，難苦得添丁」，是說他妹妹生了個兒子。

「弄璋之喜」與「弄瓦之喜」

「弄璋之喜」和「弄瓦之喜」是傳統生子習俗中對生孩子的雅稱，其中「弄璋之喜」是指生男孩，「弄瓦之喜」是指生女孩。兩個詞均出自《詩經·小雅·斯干》：「乃生男子，載寢之床，載衣之裳，載弄之璋。」「乃生女子，載寢之地，載衣之裼，載弄之瓦。」意思是說：生了男孩，就讓他在床上睡覺，並替他穿上衣裳，還給他

玉璋

陶製紡錘

一塊玉珮當玩具；生了女孩，就讓她睡在地上鋪的席上，替她包上小被子，並給她一個陶製的紡錘當作玩具。

長期以來，人們對「弄璋之喜」與「弄瓦之喜」的理解存在一個誤會，以為「弄璋之喜」與「弄瓦之喜」展現了明顯的重男輕女的觀念，理由就是：男孩睡床，穿衣著裳，玩玉珮；女孩只能睡地上，包著被子，玩陶製的紡錘。其實並非如此。必須結合古人的衣食住行及男女觀念，才能準確、全面地理解這兩個詞的意思。

古代住宅的主體建築是堂和室，堂在前，室在後。堂的空間比較大，擺放床榻、書桌等家具，主要用於家人活動或接待客人，類似於現在的客廳；但只有三面牆，朝南的一面（即朝向院子的一面）無牆，用楹柱支撐。室的空間較狹小，主要的家具就是鋪在地上的一張席，供家人休息之用，類似於現在的臥室。與堂相比，室較為封閉、安全。需要注意的是，雖然古代的床榻是一種坐臥兩用的家具，但主要是用來坐的，其功能類似於現在的大沙發，只有特殊情況下才用來睡覺 —— 就像現在睡沙發。古人睡

覺、吃飯一般是在席上，而極少在床榻之上。再從男女觀念上看，「男主外，女主內」的觀念在古人心目中根深蒂固。男子應該志在四方，所以，古人很注意從小培養男孩的膽量和氣度。讓男孩睡在堂中的床上，就是為了培養男孩的勇敢性格；讓男孩穿衣著裳、玩玉珮，是為了培養男孩待人接物的修養。而讓女孩睡在臥室的席上，是為了安全，展現了對女孩的照顧；讓女孩玩陶製的紡錘，是為了培養女孩做家事的能力。

總之，「弄璋」、「弄瓦」的不同說法只是展現了古代男女社會分工的內外之別 —— 男性闖蕩社會，女性管理家務；男性負責養家，女性負責管家。如此理解，更符合其本義。

懸弧設帨與挑紅報喜

懸弧設帨與挑紅報喜其實是同一件事，前者是古代的稱呼，後者是現在的叫法。

就傳統習俗來說，嬰兒出生後的第一件事就是挑紅報喜，也就是向親友報告得子的喜訊。挑紅其實是一種古老的習俗。《禮記·內則》中記載：「子生，男子設弧於門左，女子設帨於門右。」意思就是說：如果生了個男孩，就在門的左側掛上一把木弓；如果生了個女孩，就在門的

右側掛上一條佩巾。

　　現在的挑紅，是在大門口上掛一塊紅布，並在上面掛上弓箭、銅錢、大蒜、紅棗、栗子、花生等，俗稱「掛紅子」。這既有報喜的含義，也有避邪的象徵意義。在具體懸掛的物品上，各地也有所不同。比如，膠東地區一般會掛一個桃枝，上繫紅布條，再在桃枝上貫以栗子、棗等；山東招遠除掛桃枝外，男孩還要掛一面有弓箭的紅旗，上寫「名揚四海」、「文武雙全」等字句，女孩則在桃枝上用紅線綁一棵大蔥（諧音「聰」）和紅布條等等。

挑紅用的紅布

　　挑紅的時間，各地也不一致，大多在嬰兒降生的當天，也有的在第三天。在嬰兒出生的當天挑紅，除了報喜、避邪的含義之外，還有禁止來客的含義。按傳統的說

法，生子三日內忌生人入門，是怕來人沖了嬰兒未來的財氣；從科學的角度來說，其實是因為產婦產後身體虛弱，新生嬰兒更是缺乏免疫力和抵抗力，生人進門容易帶來病菌，對母嬰不利。如果有人不懂挑紅的標示，貿然進門，主人便立即讓客人喝一口茶，據說這樣就可以化解不祥。古代醫療條件差，嬰兒的存活率低，出生一兩天便夭折的情況時有發生。因此，有些地方就形成了第三天挑紅的習俗。

總之，在挑紅報喜的傳統習俗中，充滿了人們對新生嬰兒的關愛和祝福。

洗兒會

按照傳統的生子習俗，嬰兒出生後的第三天，家人要為嬰兒洗一次澡，古稱「洗兒會」、「洗三」，又稱「湯餅會」、「過三日」，有洗去嬰兒身上汙垢、保佑嬰兒平安健康之意。

洗兒的風俗大約出現於唐代。五代前蜀花蕊夫人的〈宮詞〉第六十三首中說：「東宮降誕挺佳辰，少海星邊擁瑞雲。中尉傳聞三日宴，翰林當撰洗兒文。」宋代司馬光《資治通鑑・唐紀三十二・唐玄宗天寶十載》中記載了楊貴妃為乾兒子安祿山「洗三」的事情。清代乾隆皇帝

洗兒場景

《十宮詞‧唐宮詞》云：「沉香亭畔晚春妍，玉樹如煙院宇連。何事宮娥群戲劇，應緣分得洗兒錢。」這些詩文都說明了洗兒的風俗在唐代宮廷中非常流行。宋代以後，這一風俗開始流行於民間。明清之際的章回小說《醒世姻緣傳》第二十一回中就寫到「洗三」的風俗：「看孩子『洗三』的親眷們，也有銀子的，也有銅錢的，厚薄不等，都著在盆裡，叫是『添盆』。」清代崇彝的《道鹹以來朝野雜記》中說：「第三日洗兒，謂之洗三。」晚清文康的小說《兒女英雄傳》第二十八回也說：「如今小兒洗三下麵，古謂之『湯餅會』。」古代也有滿月洗孩子的，如宋代孟元老的《東京夢華錄》卷五「育子」條中記載，當地人生孩子後，第三天「落臍炙囟」，第七天叫作「一臘」，滿月時才舉辦洗兒會。洗兒會當天，親朋好友備好各種禮物前來祝賀，有「圍盆」、「攪盆」、「添盆」等儀式。洗兒之後，還要為嬰兒「落胎髮」。

傳統洗兒會的形式雖然因時因地而異，但大致不外乎以下內容：為嬰兒舉行洗浴儀式；親友帶賀禮前來祝賀，或將禮物放在浴盆中，謂之「添盆」；主人將嬰兒抱出來正式見人（古代叫作「接子」），並留客人吃「洗三麵」；如果是男孩，還要用弓箭射天地四方，寓意孩子長大後志在四方……隨著時代的發展，三日洗兒的風俗已經很少見了。現在民間流行的「送粥米」，就是從洗兒會的風俗演變來的。

佑子習俗

佑子習俗，即保佑子女平安、健康成長的風俗，有的書上也稱為「養育習俗」。

子女是父母生命的延續，父母往往把子女看得比自己的生命都重要。因此，父母時時刻刻地祝願、期盼著子女能夠平安、健康。佑子習俗實際上從嬰兒一出生就開始了，所以其內容與生子習俗並非涇渭分明，而是有一定的相同。比如嬰兒出生後的挑紅、穿百家衣、洗兒會，滿月時的鉸頭（理髮）等風俗，均包含著對嬰兒的祝福。除此之外，在嬰兒的成長過程中，比較普遍的佑子習俗還有送粥米、做滿月、過百歲、抓周禮、認乾親、過生日等。

送粥米

送粥米是民間廣泛流傳的傳統習俗，其中飽含著對產婦和新生兒的關愛與祝福。當得知主家嬰兒出生之後，親朋好友、左鄰右舍都攜帶小米、掛麵、黑糖、雞蛋之類的禮物前來賀喜，俗稱「送粥米」，也叫「送珠米」、「送祝米」等。

從源流上來看，送粥米的風俗來自古代的洗兒會。隨著科學思想和醫學知識的普及，人們逐漸懂得了初生嬰兒免疫力弱、抵抗力差，不宜見外人的道理，所以，嬰兒出生後的第三天不再舉行洗兒會，而是改到嬰兒滿月的時候請滿月酒。但洗兒會中親友及時送禮賀喜的習俗保留了下來，逐漸演變成現在送粥米的習俗。

《紅樓夢》第六十一回就提到了這一習俗。司棋讓小丫頭找柳家的蒸碗雞蛋，柳家的卻說：「就是這樣尊貴。不知怎的，今年這雞蛋短得很，十個錢一個還找不出來。昨兒上頭給親戚送粥米去，四五個買辦出去，好容易才湊了二千個來。」這裡說到了傳統送粥米必備的一種禮物——雞蛋。送粥米所送的禮物，大多是小米、掛麵、黑糖、雞蛋之類的食品；嬰兒的奶奶則要送老母雞、豬肉等補品，雞蛋要送一百個，含有祝福嬰兒長命百歲的意思。送粥米的目的是保證產婦的營養，讓產婦好好補養身體，展現了

鄰里之間、親朋好友之間互幫互助的美好人情。

送粥米的時間因人因地而異。鄰里之間，一般在嬰兒出生後的三到五天，就把粥米送過來，略站站就走，絕不打擾產婦和嬰兒的休息。外地親戚一般在嬰兒出生後的第六天、第十二天、第十八天送粥米（再晚就直接等到吃滿月酒的時候送），距離近的一般也不在主人家吃飯，距離遠的也只是簡單地吃一碗麵，叫「吃喜麵」──「喜麵」也含有祝福嬰兒長壽的意思。

不管是鄰里還是親戚，主人家都要回贈紅雞蛋。紅雞蛋就是用顏料染紅的熟雞蛋，其中雞蛋表示得子的意思，紅色則包含喜慶的意思。

另外，送粥米時盛禮物的器具，民間一般都是用笳子（一種用籐條或柳條編製的民間常用器具），而不能用籃子，以防「竹籃打水一場空」。

請滿月酒

滿月，又稱「過滿月」、「做滿月」等，古稱「彌月禮」，指嬰兒出生滿一個月。所謂「滿一個月」，多按農曆計算，從嬰兒出生的那一天起，至下個月的同一天。

做滿月的習俗最晚出現於南北朝時期。據《北齊書·韓鳳傳》記載：韓鳳的兒子韓寶仁娶了公主為妻，生了個男孩名叫韓昌。韓昌滿月的那天，皇帝親自到韓鳳家裡，

擺宴慶賀了一整天。唐代以後，做滿月的風俗開始流行，張籍的〈哭胡十八遇〉詩中就有「幼子見生才滿月，選書知寫未呈人」的詩句。

做滿月最重要的習俗就是請滿月酒（也叫「擺滿月酒」），即主人家擺席邀請親朋好友前來慶賀。擺滿月酒的時間，通常是嬰兒滿月的當天，也有的人家為了取個好日子提前或延後幾天的。所邀請的人，一般都是嬰兒三日那天送過賀禮的親朋好友。因為嬰兒三日時太小，主人不便留客吃飯以示謝意，所以請滿月酒明顯帶有表示感謝的意思。

參加宴請的親朋好友仍然攜帶雞蛋、點心、童裝、玩具等各種禮物，慶賀母子平安。爺爺、奶奶的禮物尤為隆重，除了食品、衣物外，還要送長命線和銅鈿牌（一種裝有錢幣的紅包）。

主人要給嬰兒戴上虎頭帽子，穿上百家衣、虎頭鞋，抱出來讓客人見一見。有的地方，主人還要抱著嬰兒出去走一圈，讓鄰居抱一抱，看一看。

滿月以後，產婦、嬰兒的許多禁忌也就解除了。

鉸頭

「鉸頭」是山東等地的方言，就是理髮的意思。在很多地方，嬰兒第一次鉸頭是重要的習俗。鉸頭的時間和

嬰兒鉸頭

儀式，各地不盡相同。大多數地方都是在嬰兒滿月這一天，請嬰兒的舅舅象徵性地為嬰兒理髮。也有地方是在月子裡鉸頭。據葉濤主編的《山東民俗》介紹：沂水、費縣等地，在女孩出生的第九天、男孩出生的第十二天，外婆、舅舅來送粥米的時候鉸；郯城是在嬰兒出生後的第二十四天鉸頭，寓意「二十四天鉸秀才」；東明一帶則是在嬰兒出生一百天（百歲）的時候鉸頭。

　　鉸頭的時候，通常是先由舅舅象徵性地剪幾下，剩餘的頭髮由嬰兒的父母負責剪好；有的地方則是讓舅舅抱著嬰兒或在旁邊看著，由同族或鄰居家的未婚女孩象徵性地剪幾下。總之，嬰兒的舅舅必須到場；如果實在不能到場，就得在旁邊放一個蒜臼子，代表舅舅。有的地方還讓嬰兒懷裡抱一棵蔥或一本書，象徵「聰明」和「讀書好」。鉸下的頭髮要先放在升、瓢或笸子裡，外婆、舅舅及客人還要往裡面放「鉸頭錢」，然後將嬰兒的胎髮縫到嬰兒的枕頭上，或壓在水缸底下。

第一次鉸頭的嬰兒通常都留「囟毛」和「八十毛」。「囟毛」就是嬰兒囟門部位的頭髮，鉸頭的時候不能剪；「八十毛」就是嬰兒後腦勺上的頭髮，也不能剪。從生理學的角度來說，囟門和後腦勺是嬰兒頭部最脆弱的兩個部位，留「囟毛」和「八十毛」明顯帶有保護嬰兒的目的。

搬滿月

嬰兒滿月後，外婆家要把產婦和嬰兒接過去住一段時間，俗稱「搬滿月」或「接滿月」。搬滿月的時間，各地並不一致，一般嬰兒奶奶家請了滿月酒之後，外婆家才來搬滿月。嬰兒住外婆家的時間，或六天，或九天，或日子更長，各地也不一樣。

搬滿月通常由嬰兒的舅舅來接，忌諱不接自去。因為嬰兒剛出滿月，所以接的時候要用包巾把嬰兒包裹徹底，以免吹風著涼。過去還要用一根桃樹枝繫上一塊紅布，再用紅頭繩繫一串銅錢放在上面，插在包巾上；有的還放上一棵蔥，或放上一本書，寓意孩子長大了以後聰明，好讀書。同時，奶奶家還要準備雞蛋、黑糖、嬰兒用品等母子所用的物品及答謝外婆家的魚、肉、茶、酒等禮物。當然，嬰兒回奶奶家的時候，外婆家也要準備嬰兒衣飾、鞋襪等作為回禮。

搬滿月的風俗，實際上是由嬰兒的外婆暫時接替奶奶，照顧產婦和嬰兒，讓忙了一段時間的嬰兒的奶奶好好休息一陣子。這裡面不僅包含著長輩對嬰兒的祝福與關愛，也反映了親家之間彼此幫助的美好情感。

過百歲

嬰兒出生一百天時舉行的賀宴，俗稱「過百歲」或「做百日」，古稱「百晬」。宋代孟元老的《東京夢華錄》「育子」條中就說：「生子百日，置會，謂之百晬。」說明這一風俗最晚在宋代就已經流行。

與過滿月不同，過百歲邀請的客人主要是親戚，一般不請鄰居、朋友。所送的禮物多是衣服、鞋帽、佩飾之類。並且，客人身分不同，送的禮物也不一樣。所送的衣服、鞋帽多是由姑姑、阿姨、舅媽親自縫製的百家衣、虎頭帽子、虎頭鞋等。百家衣寓意幼兒長命百歲，虎頭鞋帽也是祝福幼兒健康成長。佩飾主要有長命鎖、項圈、手鐲、腳鐲等，多為銀製。也有的地區在嬰兒過百歲這天，外婆家要送虎頭、燕子等造型的花糕餅，上面往往還帶有「長命百歲」等祝福語。

從生理學的角度來說，嬰兒出生滿一百天後，視覺、聽覺逐漸發育完善，而虎頭鞋帽、百歲糕餅可愛的造型、

亮麗的色彩，以及點綴在鞋帽和各種佩飾上的小鈴鐺發出
的響聲，能引起嬰兒強烈的興趣和好奇心，所以這些禮物
正是嬰兒這一時期理想的玩具，非常符合現代心理學和教
育學的理念。

周歲與抓周禮

周歲，即幼兒出生滿一年，古稱「周晬」。舊俗，在幼兒周歲生日這一天，父母先在席上擺上各種物品，比如弓箭、紙筆、書本、尺、針線、官帽、印章、元寶、銅錢等，然後把幼兒放到席上，令其隨意抓取，俗稱「抓周」，也稱「試兒」、「試周」等。據說，幼兒抓周的時候，抓到什麼物品，長

抓周

大以後就會做什麼職業。比如抓到書本、紙筆，說明長大
以後會讀書；抓到官帽、大印，說明長大以後會當官；抓
到銅錢、元寶，說明長大以後很有錢等等。

關於抓周習俗的最早記載，見於南北朝時期的《顏氏家訓》；其後，這一習俗歷代相傳。清代曹雪芹的《紅樓夢》第二回，提到賈寶玉周歲時抓周之事。民國《萊陽縣誌‧人事志》中也記載：「周歲則新其衣履，陳設各種物品，令其抓取，謂之揸生日。取書者士，農器者農，工器者工，商器者商，官帽者貴，銀錢者富……」

抓周這一古老的佑子習俗，現在仍是許多父母在孩子周歲生日時必備的慶祝儀式和娛樂活動。其中測試孩子未來的迷信成分早已被淘汰，留下的只是對子女殷切的期望和美好的祝福。

認乾親

「乾親」是指沒有血緣關係或婚姻關係而結成的親戚。認乾親是民間流傳的一種拜認父母之外的人為乾爹、乾媽的風俗，也叫「拜乾親」、「拜乾爹娘」，古代又叫「寄名」。

拜乾親的風俗起源於漢代。史載漢靈帝多次痛失愛子，因此後來生了兒子不敢養在皇宮裡，也不敢讓兒子跟自己姓劉；他將兒子寄養在道人史子眇家裡，跟著道人姓史。這就是拜乾親習俗的起源。魏晉南北朝以後，拜乾親的習俗開始流行。北魏楊衒之的《洛陽伽藍記》中就記載

了汝南王元悅拜隱士趙逸為義父的事情。此後這一風俗歷代相傳。比如《水滸傳》第四十五回中，和尚裴如海拜潘巧雲的父親做了乾爺，因此潘巧雲才叫裴如海「師兄」。另外，同輩之間結拜為兄弟之後，也互相稱對方的父親為乾爹。比如清代小說《歧路燈》一百回中，王隆吉就跟譚紹聞說過這樣的話：「當日認的乾親，姑姑姨姨齊攛掇，老鴉野雀都揀旺處飛。」

幼兒拜乾爹、乾媽，是認乾親的一種特殊形式。古代父母為子女認乾親的目的比較單一，就是父母生子不利，為了免災除禍，保佑子女平安、健康地成長，而讓子女寄名於他人，或拜僧尼為師而不出家。後世幼兒拜乾親的原因和目的，各地並不相同。山東高唐、蒙陰、長島等地，許多孩子都有乾爹、乾媽，但這只是一種地方風俗，此外並沒有其他講究。而現在很多人拜乾爹、乾媽，可能只是因為兩家父母關係好，其中「佑子」的含義並不明顯。

拜乾親的時間、方法、儀式等，更是五花八門。其中有一樣各地較通行的風俗，就是戴長命鎖，即幼兒拜乾親的時候，乾爹或乾媽將一個長命鎖（也有叫寄名鎖的）掛在幼兒脖子上，以保佑乾兒子、乾女兒健康成長、長命百歲。

戴長命鎖

戴長命鎖也是民間流行的一種傳統佑子習俗。所謂長命鎖，是一種用金銀打製或用玉石刻製的鎖頭狀傳統佩飾，鎖的正面大都刻有「長命百歲」、「長命富貴」、「福壽萬年」等吉祥文字，反面則刻有壽桃、蝙蝠、金魚、蓮花等吉祥圖案或麒麟、龍、虎等瑞獸。在幼兒百歲或周歲時，家人用紅繩或項鏈將長命鎖掛在幼兒的脖子上，鎖垂於胸前。長命鎖一般佩戴到幼兒入學之前，有的甚至佩戴到十一、十二歲。在古代，父母為幼兒戴長命鎖的目的是避邪去災，保佑幼兒長命百歲；現在，父母為幼兒戴長命鎖，是一種祝福子女健康成長的儀式。

長命鎖

關於長命鎖的來歷，目前還沒有統一的說法。按歷代文獻記載，長命鎖大約出現於明末清初，其前身尚不得而知。清初曹雪芹《紅樓夢》第三回寫賈寶玉換了衣服出來

的時候，「仍舊帶著項圈、寶玉、寄名鎖、護身符等物」；第八回寶玉去看望寶釵時，也寫寶玉「項上掛著長命鎖、記名符（寄名符），另外有一塊落草時銜下來的寶玉」。同為清初的天花才子《快心編》第二回，寫石佩珩在為父報仇、離家出走之前，特意帶上了一個玉鎖，並寫道：「這玉鎖還是幼時父母恐他難得長養，與他掛在項上的；琢得精巧絕倫，鏤著雙魚戲水，暖潤滑澤，煞是一方寶玉，故不忍捐棄。」這裡的玉鎖顯然就是長命鎖。

清代以後，幼兒佩戴長命鎖的習俗在各地都極為流行。其形狀也不再限於鎖頭狀，還有元寶狀、如意雲頭狀、生肖鎖等不同樣式，多為空心銀製，用紅繩佩戴。之所以用銀製，是因為銀具有殺菌作用，可以安五臟，定心神，止驚悸，除邪氣，對人體的健康有好處。空心，是取其輕巧之意；紅繩則有避邪的傳說。

總之，作為一種傳統的佑子習俗，為幼兒佩戴長命鎖，寄託了父母對子女的祝福與愛意。但對傳統佑子習俗的傳承，必須以科學育兒為前提。嬰幼兒的抵抗能力、忍耐能力都比較弱，並不是鎖頭越大越重就越好。

穿百家衣

穿百家衣是對傳統佑子習俗的一種傳承，在北部地區

百家衣馬甲

尤其盛行。所謂百家衣，就是用向鄰居討取來的零碎布頭拼成的一種上衣。因為講究的人家必須用向一百戶鄰居討取的零碎布頭縫製它，故稱「百家衣」。衣服的式樣有長襖、短襖、馬甲等，多為大襟、無領口，上面多繡有花紋。嬰兒滿月或百歲時穿上百家衣，寓意嬰兒能得百家之福，一生無病無災，長命百歲。

嬰兒穿百家衣的習俗大概來源於古代的文褓（一種繡花的襁褓，也寫作「文葆」），最晚出現於宋朝。北宋黃庭堅就曾戲稱集句詩為「百家衣」，南宋陸游的〈書感〉詩中也有「哀哉窮子百家衣，豈識萬斛傾珠璣」的句子。此後這一風俗歷代相傳。明末清初董說的《西遊補》第一回中就寫八九個孩童圍住唐僧亂嚷：「此兒長大了，還穿百家衣！」這裡說的是兒童誤把唐僧穿的袈裟當成了百家衣，也說明了百家衣在明朝的盛行。

百家衣不僅包含著父母對子女的祝福，而且是一種難得的手工藝品。今天，新的佑子習俗不時出現，穿百家衣的習俗則逐漸式微，原因之一，就是現在大多數人已經不會縫製百家衣這門傳統手藝了。

虎頭帽子、虎頭鞋

　　戴虎頭帽子、穿虎頭鞋是許多民族都流行的一種佑子習俗，尤以漢族為典型。虎頭帽子是一種整體呈虎頭狀的童帽，通常在帽檐處繡一虎口，額頭處縫上兩隻眼睛，在兩隻眼睛中間偏上的位置縫或繡上一個「王」字，頭頂部則有兩隻虎耳。有的帽子上還縫著一些小鈴鐺，小孩子身體一動就會叮噹作響。小孩子自己覺得威風、有趣，而大人一聽動靜就知道小孩子的位置，這確實是一種既有美好的寓意，又美觀、有趣、實用的童帽。虎頭鞋與虎頭帽子相似，整雙鞋子呈老虎狀，鞋頭上繡有虎口、虎眼，鞋面上多繡一「王」字及各種吉祥圖案，鞋幫就是虎身，有的還在鞋後跟處縫上一條虎尾巴，便於提鞋。多數虎頭鞋上也縫著小鈴鐺，既威風，又有精神。幼兒為了聽到鈴鐺發出的悅耳的聲音，就會多走動，這就使虎頭鞋具有了引導幼兒學步的作用。

虎頭帽子

虎頭鞋

　　戴虎頭帽子、穿虎頭鞋的風俗源遠流長。老虎自古就是威武、勇猛、有力的象徵，所以很早的時候古人就用「虎」字來形容善戰的軍隊或威猛的勇士，比如「虎賁」、「虎將」等。據史料記載，漢代就出現了「伏虎頭鞋」，加上錦飾後又叫「繡鴛鴦履」，可以在冬至這天敬送給公公、婆婆。南朝梁蕭子顯撰寫的《南齊書》卷五十七中則出現過「著斑衣、虎頭帽」的勇士。可見，早在漢魏六朝之際，虎頭帽、虎頭鞋已用來孝敬長輩或顯示軍威。後來，老虎逐漸成為民間信仰中鎮魔祛邪的瑞獸，所以其造型出現在佑子習俗中。

　　西安東郊韓森寨唐墓中出土的一件「虎頭帽襁褓陶俑」，說明唐代開元、天寶年間已有給幼兒戴虎頭帽子的佑子習俗（兒童穿虎頭鞋的早期資料尚未見），此後便代代相傳。雖然戴虎頭帽子、穿虎頭鞋的目的各地不盡相同，但不外乎以下三個方面：一是希望孩子虎頭虎腦，健康成長；二是祝福孩子無病無災，平安吉祥；三是訓練幼兒的聽力、視力，並引導幼兒學步。

開蒙入學

　　所謂「開蒙入學」，就是讓適齡兒童進入學校（古代叫「私塾」、「蒙館」）學習，以開蒙塞的意思，又叫「破

蒙」、「童蒙禮」等。自古以來就講究「詩書傳家」，每位家長都希望自己的子女能夠上學、讀書，因此，當孩子要上學的時候，就出現了各種不同的開蒙儀式。

古代兒童的入學時間多在春季或秋季，《周禮·春官》中就有「春入學」的說法，蒙館的廣告招牌上也常見「秋爽擇日來學」的字樣。古代兒童入學的年齡，沒有明確的規定，通常比現在兒童入學晚。

至於傳統的開蒙儀式，各地雖不盡相同，但不外乎主設宴、客祝賀、祭先師、拜先生等內容。在孩子上學的前幾天，主人家要擇吉日宴請親友來參加為孩子舉行的開蒙儀式。宴席上通常要有蔥、蒜、芹菜、韭菜四樣蔬菜及鯉魚、公雞等，取「聰明」、「會算」、「勤學」、「才久」及「鯉魚躍龍門」、「一鳴驚人」等吉祥寓意，討個吉利。客人則要贈送書桌、課本、文房四寶等禮物，表示祝賀。儀式開始後，首先要祭祀先師孔子，其次跪拜老師，然後由老師教幾句《三字經》，再手把手教孩子寫幾個字，就算孩子正式拜師入學了。

歷史發展到今天，雖然時代不同了，但人們尊師重教的觀念依然強烈。許多孩子入學的時候，也都一樣鄭重其事，請客、送禮之事仍屢見不鮮。重視孩子的教育，望子成龍，是正常的；但過度鋪張，興師動眾，反而對孩子產

生不良影響。現在的入學禮，應該更節儉，更文明，讓孩子在莊嚴的儀式中體會入學的重要意義。

取名習俗

姓、氏、名、字

每個人都有一個屬於自己的名字。所謂「名字」，其實只是一個統稱，準確地說應該叫「姓名」，再準確一點應該叫「姓氏名字」。而姓、氏、名、字在漢語中的意思是不同的。

姓起源於母系氏族社會，本是區分不同血緣氏族的稱號。「姓」字是由「女」、「生」兩部分組成，許多古姓也大都帶有「女」字，比如姬、姜、媯、嬴等，這些都說明姓是母系氏族社會的產物。古姓的來歷，大致有兩條途徑：一是來自氏族部落的聚居地。比如炎帝居姜水，因此姓姜；黃帝居姬水，因此姓姬；虞舜居媯水，因此姓媯。二是來自氏族部落的圖騰崇拜。比如龍（蛇）、熊、鳳等。這些圖騰是部族的標示，後來便成為這個部落全體成員的代號，即姓。

258

《說文解字》對「姓」字及「姬」、「姜」等古姓的解釋

氏本是古代貴族標示宗族系統的稱號，是一個人身分貴賤的標示。古代只有貴族才有氏，普通人既無姓也無氏。氏的具體來源相對複雜一些——諸侯往往以受封的國名為氏，如陳氏、宋氏等。卿大夫有的以職官為氏，如司馬氏、司空氏、師氏、史氏等；有的以所受封的邑名為氏，如晉國的韓氏、魏氏、趙氏等。同時，氏的使用情況也比姓複雜。在先秦時期，一些貴族家庭，不僅上一代人和下一代人之間有不同的氏，而且同一個人在不同的時期也可以有兩個甚至更多的氏。

姓與氏既有關聯，又有區別。姓是同一祖先的所有後代共用的稱號，氏則是從姓延伸出的分支，是同一祖先的各個分支的子孫為自己取的稱號。以作用來說，姓用來統

一祖先血統，氏用來區別子孫後代、氏族分支。需要注意的是，即使在先秦時期，姓與氏也並非涇渭分明。從古代文獻記載中可以發現，到了戰國時期，姓與氏的使用已經相當混亂；再往後到了秦朝，隨著國家的統一和宗法制度的消亡，姓與氏開始合而為一；到了漢代，姓與氏已經完全融為一體。此後，「姓氏」便作為一個名詞沿用至今。

「名」的本義是用口發聲以表示自己。漢代許慎《說文解字》中說：「名，自命也。從口從夕。夕者，冥也。冥不相見，故以口自名。」意思是說：「名」是自己替自己取的一個代號。天黑以後，人們看不見、認不出彼此，所以每人都給自己取一個「名」，作為互相稱呼的代號。很快，人們體會到了使用「名」的便利性，取名的習俗便逐漸流行起來，人們對命名也逐漸講究起來。

「字」的本義是孕育，引申為人的表字，即在本名外所取的與本名意義相關的另一名字。秦漢以後，雖然普通人也都有姓有名，但不一定都有字——有身分的人才能取字。古人一般在出生三個月後取名，成年後才取字。名是家庭內部（主要是父母和長輩）所用的稱呼，相當於現在的小名；字是面向社會的稱呼，相當於現在的正式姓名。當一個人走入社會以後，同輩之間一般稱呼對方的字，晚輩對長輩、下級對上級更是只能稱字或號，絕不能

直呼其名。

　　由上述內容可以看出，一個小小的「姓名」中實際包含著大大的學問。

歷代取名習俗的特點

　　受社會政治、經濟、文化等因素的影響，不同的時代出現了一些不同的取名習俗。唐代陸龜蒙在《小名錄序》中就說：「三代之時，殷尚質直，以生日名之，如太甲、太乙、武丁是也。周以伯仲次之，如太伯、仲雍、叔達、季歷之類是也。自周以降，隨事而名之……」這段話就指出了不同時代有不同取名習俗的事實。

　　我們現在所能看到的最早的名是商代人的名。商人喜歡以天干為名，比如太乙、天乙（成湯）、太丁、盤庚、帝辛（商紂王）、太甲、武丁等。

天乙（成湯）像

　　周代男子多取單名，即便有個別的復名（雙字名），也大都帶有一個虛詞，比如晉國的介之推、鄭國的燭之武、韓國的申不害、楚國的蕭不疑等。女子多有姓無名。

　　秦朝封建君主專制主義中

央集權的政治制度確立，因此，
有些字如龍、天、君、王、帝、
上、聖、皇等便禁止普通人使用
了。在命名習慣上，秦朝沿襲周
人的傳統，喜歡取單名。比如嬴
政、李斯等。

王羲之像

西漢時出現了真正意義上
的復名。當時盛行神仙術，於是形成了取名以祈求健康
長壽的風氣，如嚴延年、陳萬年、張延壽、卜千秋、霍
去病等。漢人還崇尚英武、雄健，因此，勝、武、勇、
超、猛、固、彪、舉等字眼成為常見的人名用字。王莽篡
權後，又禁復名。因此，漢末人又多取單名，如劉備、關
羽、曹操、諸葛亮、夏侯惇等。

魏晉南北朝時，人口增多，重名現象嚴重，因此復名
又興。當時文壇最盛行的文體是辭賦，受此影響，形成了
以「之」入名的風俗，如書法家王羲之、王獻之，畫家顧
愷之，史學家裴松之，科學家祖沖之等。當時佛、道的影
響很大，所以又出現了王僧辯、酈道元等名字。

唐人取名字喜歡引經據典。比如王本立，典出《論
語·學而》「君子務本，本立而道生」；杜如晦，典出《詩
經·鄭風·風雨》「風雨如晦，雞鳴不已」；駱賓王，字

觀光，典出《周易・觀》「觀國之光，利用賓於王」；等
等。武則天以後，因科舉盛行，所以文、章、儒、士之類
的字成為取名常用字，如賀知章、蕭穎士、張讀等。

北宋以後，出現了修家譜的風俗，取名開始講究輩分
排行，同輩人名字中的一個字或一個字的偏旁必須是相同
的。比如蘇軾的弟弟叫蘇轍，蘇軾的三個兒子分別叫蘇
邁、蘇迨、蘇過。此風俗一直延續至明清時期。比如明代
馮夢桂、馮夢龍、馮夢熊兄弟三人，都是「夢」字輩；清
代《紅樓夢》中的賈代化、賈代善、賈代儒、賈代修都是
「代」字輩，賈政、賈赦、賈敏、賈敬、賈敷都是「文」
字輩，賈珍、賈璉、賈珠、賈寶玉都是「玉」字輩。一些
寓意吉利的字眼，比如文、武、富、貴、昭、慶、德、
祥、龍、鳳、昌、盛等，成為輩分或取名的常用字。

取醜名

姓名是一個人的標示，按理說，做父母的應該都希望
為子女起一個既好聽又有意義的名字。然而，自古流傳著
一種取醜名的習俗。先秦時期的晉公子黑臀（晉成公）、
晉國大臣公孫杵臼、晉公子重耳家臣狐毛，以及張丑、逢
丑父、史狗、公孫丑等，都是歷史上著名的人物。

實際上，歷朝歷代都有取醜名的知名人物，尤其是小

名（就是古人所說的「名」）。
比如漢武帝劉徹小名彘（意為
豬），司馬相如小名犬子，劉
備的兒子劉禪小名阿斗；晉代
書法家王獻之小名官奴，詩人
陶淵明小名溪狗，權貴石崇
小名齊奴；南朝宋武帝劉裕小

王安石像

名寄奴；宋代孝宗趙昚小名小羊，王安石小名獾郎；等
等。清代梁章鉅《浪跡叢談》卷六「醜名」條中也記載：
「（《金史》）金世宗子鄭王永蹈，名石狗兒；又《李英
傳》有蘭州西關堡守將王狗兒；又有都統紇石烈豬狗。
《元史》有石抹狗狗，以武功著；郭狗狗、寧豬狗，皆以
孝行聞……而《北夢瑣言》有李磕蛆、郝牛屎，《遼史．
皇族表》有遼西郡王驢糞，《金史．宣宗紀》有四方館使
李瘸驢，《元史．泰定紀》有太尉醜驢，則尤不雅矣。」

　　近現代民間仍有取醜名的習俗。比如女孩長得俊秀，
取名「醜醜」；兒子長得可愛，則取名「賴狗」；子女長
得顯聰明，則取名「大憨」；希望子女長得強壯健康，則
取名「鐵蛋」、「石頭」等。

　　至於取醜名的原因，宋代的歐陽脩、清代的趙翼等都
認為是「古人風俗尚質，命名不避醜惡之字」。而民間普

遍認為給子女取醜名好養活，可保佑子女無病無災、健康長壽。可見，取醜名實際上是佑子習俗的一種變異。

取名的忌諱

　　子女的小名、乳名可能是父母興之所至而隨意取的，大號、學名則一般要經過深思熟慮。自古至今，圍繞著取名的風俗，出現了許多忌諱。清初王士禎《池北偶談》卷二十三「命名」條中就說：「《左氏傳》申繻曰：『名有五不：以國不以官，不以山川，不以隱疾，不以畜生，不以器幣。』」意思是說：取名的時候，可以

《池北偶談》相關記載

用國家為名，但不可以用官職為名，不可以用山川為名，不可以用疾病為名，不可以用牲畜為名，不可以用器物、貨幣為名。這可以說是我們現在所能看到的最早的命名忌諱。在不同的歷史時期，取名的忌諱不盡相同，一直流傳至今。

　　避諱本來就是一種特殊的語言觀念，取名是人生大事，有所忌諱也是理所當然，但並沒有太多的講究。傳統的取名忌諱通常只需注意三點：一是忌諱與認識的人或死去的人重名，尤其忌諱與本家長輩重名；二是忌諱性別不分、男女不辨；三是忌諱語義不雅的諧音字。只要注意這三條基本規則，就可以充分發揮想像力和創造力，為子女取一個好聽好叫、吉祥如意的名字。

▎過生日

　　求子習俗、生子習俗、佑子習俗、取名習俗都屬於廣義誕生禮的範疇，過生日則是狹義的誕生禮。

　　過生日是誕生禮的延續。在漢語中，「生日」的別稱很多：小孩生日俗稱「長尾巴」，女孩子的生日稱為「芳誕」、「芳辰」或「帨辰」，成年人的生日古稱「初度」、「華誕」，老人生日則稱「壽禮」、「祝壽」、「做壽」等。

相關文獻記載

　　過生日的習俗由來已久，大概有了誕生禮之後也就有了過生日的儀式。漢代班固《白虎通義》「姓名」條中說：「殷以生日名子何？殷家質，故直以生日名子也。」這是說商朝人喜歡直接用生日的干支替小孩取名。唐代封

演《封氏聞見記》「降誕」條說：「近代風俗，人子在膝下，每生日有酒食之會。」這是說唐朝人在生日那天都要舉辦家庭宴會。宋代范仲淹〈紀送太傅相公歸闕〉詩中說：「歸赴誕辰知兌說（悅），輕安拜舞壽觴前。」「兌說」就是喜悅的意思，這是說回家為父母祝壽的喜悅。清代王士禛《池北偶談・談獻二》「事叔至孝」條中說：「一日，值叔誕辰，大集親戚上壽。」這是說邀請親朋好友來參加生日宴會。相關的記載在古代文獻中不勝枚舉。

清代祝壽場景

陰曆生日

按照傳統，許多華人過生日是以陰曆來計算的。陰曆是按照月亮的運行規律編排的一種曆法。為了與回歸年一年三百六十五天相吻合，陰曆採用了大小月、閏月等特殊

方法。與陽曆相比，「重年不重日」是陰曆最明顯的特點。因此，陰曆生日只是不同年份中的「誕生日」，而不一定正好間隔三百六十五天才過一個生日。並且，與大小月、閏月相關，過生日「不重日」的情況非常明顯，這主要表現為「閏月生日遇無閏」和「大月生日遇小月」兩種情況。

陰曆一年較回歸年相差約十日又二十一小時。為了補足與回歸年的日差，陰曆採用了設置閏月的方法，即三年閏一個月，五年閏兩個月，十九年閏七個月。每逢閏年所加的一個月叫「閏月」。閏月最初放在歲末，稱「十三月」；後加在某月之後，稱「閏某月」，民間也稱為「後某月」。如果是閏月的生日，比如閏四月十九，嚴格說來必須等到下個閏四月十九才算是真正的生日。而在沒有閏四月的年份，就只能在陰曆四月十九這天過生日。

同樣，如果是大月三十的生日，而過生日的這年恰好該月是小月 —— 只有二十九天，那就只能提前一天，以二十九當生日了。

因此，嚴格來說，還是陽曆的生日比較準確。

慶生

「慶生」即慶賀生日的意思。生日貫穿一個生命的整個過程，不僅見證了一個生命的「呱呱墜地」，而且記載

著一個人成長的足跡。因此，人們對生日有著一份特殊的情感，每到生日這一天都會用一些特殊的方式來慶賀。自古至今，產生了許多慶賀生日、祝福生命的儀式和禮俗，古代稱之為「慶生申」、「慶生朝」、「慶生旦」等，現在則稱為「慶生會」，統謂之「慶生」。

慶生的內容，大致包含以下五個方面：

- **慶賀生命的延續**：人們常說「生命是個奇蹟」，因為每個生命都是獨一無二的。因此，當一個生命來到世上之後，他一年一度的誕生紀念日自然值得慶賀。宋代張綱〈驀山溪·甲辰生日〉詞的上片就描寫了慶祝生日的美好場景：「小窗開宴，草草杯盤具。歡喜走兒童，慶生朝、一年一度。風光好處，恰是小春時，香泛泛，酒醺醺，一曲歌金縷。」

- **感激父母恩情**：俗話說「孩生日，娘苦日」，生日這天，很容易想到母親生育孩子的艱難、父母養育子女的辛苦。《詩經·小雅·蓼莪》就說：「蓼蓼者莪，匪莪伊蒿。哀哀父母，生我劬勞。蓼蓼者莪，匪莪伊蔚。哀哀父母，生我勞瘁……父兮生我，母兮鞠我。撫我畜我，長我育我，顧我復我，出入腹我。欲報之德，昊天罔極！」詩中盡情抒寫了難以報答的父母之恩。《隋書·高祖紀》中記載，隋文帝在六月十三日生日那天，下旨

「令海內為武元皇帝、元明皇后斷屠」，以示對父親「武元皇帝」楊忠和母親「元明皇后」呂氏的追思。因此，民間很早就有一種傳統：在自己生日這天，由自己包攬所有的家事，讓父母好好地休息一天，以示孝敬父母之心。

- **享受家人團聚的時光**：許多人少年時就外出求學，成年後又在外打拚，家人團聚的機會並不多。借慶祝生日的機會，忙者偷閒，遊子歸來，家人團聚，共享天倫，這也是慶賀生日的主要目的之一。張綱〈鷓山溪·甲辰生日〉詞的下片說：「吾今已醉，解作醒時語。千里念重親，望家山、雲天盡處。深深發願，只願早休官，居顏巷，戲萊衣，歲歲長歡聚。」詞中不僅表達了對父母的思念之情，而且抒發了對家人團聚、共享天倫之樂的嚮往之意。

- **祝福身體健康**：不管是自己過生日，還是為他人慶生，都少不了祈福祝壽的內容，最常見的話就是「福如東海長水流，壽比南山不老松」。古代詩詞中有許多作品表達了這一內容。比如宋代崔敦禮的〈柳梢青·壽詞〉下片：「今朝祝壽樽前，共拜舞、諸孫下列。但願從今，一年強似、一年時節。」再如宋代史浩的〈浪淘沙令·祝壽〉：「祝壽祝壽，筵開錦繡。拈起香來玉也似手，

拈起盞來金也似酒。祝壽祝壽。命比乾坤久，長壽長壽。松椿自此碧森森底茂，烏兔從他汩轆轆底走。長壽長壽。」

■ **祈求來日好運**：生日這天，人們會祈求未來的日子好運不斷、心想事成。現在人們過生日的時候點蠟燭許願，雖然是從西方傳入的風俗，但也與中華傳統的慶生內容相符 —— 許願就是祈求心想事成。

總之，生命是值得慶賀的。正是由於人們對生命的尊重和熱愛，才形成了慶生儀式中如此豐富的內容。

壽禮

「壽」本是長久的意思，引申為年壽、壽考等義。在漢語中，「壽禮」一詞有兩個意思：一是指祝壽的禮節，二是指祝壽的禮物。一般稱老人生日為「壽禮」，為老人舉辦生日宴會稱為「做壽」，親友參加老人的生日宴會稱為「祝壽」，參加壽宴攜帶的禮物也叫「壽禮」。為老人做壽，表達了人們祝福老人健康長壽的美好願望，展現了尊老敬老的傳統美德。

《莊子·盜跖》中說：「人上壽百歲，中壽八十，下壽六十。」換言之，人從六十歲開始稱「壽」，不再稱「年」。因此，我們的傳統也是從老人六十歲開始為老人

做壽。從此之後，逢十之年皆為「大壽」，比如七十大壽、八十大壽。並且，不同的年歲有不同的代稱，比如六十歲叫「花甲」，七十歲叫「古稀」，七十七歲稱「喜壽」，八十歲叫「杖朝」，八十八歲稱「米壽」，九十歲叫「鮐背」，九十九歲稱「白壽」，一百歲叫「期頤」，一百零八歲稱「茶壽」等。每逢老人的壽誕之日，本家子孫、親朋好友都會來為老人祝壽，並攜帶壽禮。壽禮一般有壽麵、壽桃、壽酒、壽糕等，講究的壽禮還有壽匾、壽聯、壽星圖等書畫作品。壽禮包含著對老人的祝福。比如長壽麵寓意健康長壽；壽桃象徵王母娘娘蟠桃園裡的仙桃，據說吃一個就能得道升仙；壽糕諧音「壽高」，寓意老人年高德劭；最常見的壽聯「福如東海長流水，壽比南山不老松」，同樣表達了人們對老人的美好祝福……總之，壽禮之中充滿了吉祥和祝福。

以前為老人做壽也有一些忌諱。其中流傳最廣的是七十三歲、八十四歲不做壽。相傳孔子活了七十三歲，孟子活了八十四歲，因此民間認為這兩個年齡是聖人的壽限，更是普通人邁不過去的坎。老人到了七十三歲或八十四歲，不僅不做壽，而且要儘量避免直接說「七十三歲」或「八十四歲」。按照民間的習慣，這時稱呼老人的年齡，通常採用「虛歲」的方法，即把七十三歲直接說成

七十四歲，把八十四歲直接說成八十五歲，表示老人已經跨過了這兩道坎。再比如，如果做壽的老人已經九十九歲，祝壽辭中就不能出現「長命百歲」這樣的詞語了。當然，這些忌諱並沒有什麼科學道理，只不過是讓生活增添一些情趣和儀式感而已。

長壽麵

長壽麵專指過生日時吃的麵條，古代稱為「生日湯餅」。

麵條是一種用小麥粉（麵粉）製作的水煮食品，早期多統稱為「餅」，比如「湯餅」、「煮餅」、「索餅」、「水引餅」等。後來稱為「麵」，別稱也很多。清代俞正燮《癸巳存稿》「麵條子」條中說：「麵條子曰切麵、曰拉麵、曰索麵、曰掛麵，亦曰麵湯，亦曰湯餅，亦曰索餅，亦曰水引麵。」

做長壽麵圖

關於為什麼過生日要吃麵條，民間還有一個有趣的傳說：據《相書》中說，人中長，人的壽命就長。流傳到民間以後，就變成了「人中長，臉面就長，而臉面長的人壽命就長」的說法。因為「麵」和「面」同音，所以，人們過生日的時候就開始吃麵條，以求長壽。其實，早期的麵條（湯餅）並不是長條形的，而是不規則的麵片，並沒有多長。魏晉南北朝以後，才有了長條狀的切麵、拉麵；宋代才有了長條形的麵條，也才有了掛麵，即長條形的乾麵條。

生日吃麵的風俗最晚出現於唐朝，當時叫「生日湯餅」。據《新唐書・王皇后傳》記載：唐玄宗繼位後，髮妻王皇后逐漸失寵。後來，唐玄宗想廢了王皇后，王皇后哭著對玄宗說：「陛下獨不念阿忠（王皇后對其父的稱呼）脫紫半臂易斗麵，為生日湯餅邪？」原來，玄宗還沒當皇帝的時候，曾與王皇后度過一段艱難的日子。有一年玄宗生日，王皇后的父親用身上穿的紫色短袖上衣換了斗麵，為玄宗做生日湯餅。這說明，在唐代中葉，吃生日湯餅已成為過生日的重要內容之一。宋代朱翌《猗覺寮雜記》中也記載：「唐人生日多具湯餅。」宋代馬永卿《懶真子》卷三中則有了「長命麵」的說法：「必食湯餅者，則世所謂『長命麵』者也。」此後，生日吃長壽麵的風俗便一直流傳下來。

屬相、生肖與本命年

屬相、生肖

屬相是用來標記一個人出生年份的特殊方法，即用十二地支配合十二種動物來標記一個人的出生年份。生肖，即配合十二地支的十二種動物，其對應關係是子鼠、丑牛、寅虎、卯兔、辰龍、巳蛇、午馬、未羊、申猴、酉雞、戌狗、亥豬。生肖常用來代表某年，或標記人的出生年份（在這個意義上相當於「屬相」）。舉個例子來說，2023 年是癸卯年，卯配兔，所以 2023 年也叫「兔年」，出生在 2023 年的人就屬兔（即屬相是兔，或者說生肖是兔）。其他以此類推。

據資料記載，屬相或生肖的概念最晚出現於漢代。目前所見最早的文字記載是東漢王充的《論衡·物勢篇》：「寅，木也，其禽虎也。戌，土也，其禽犬也。」「午，馬也。子，鼠也。酉，雞也。卯，兔也。……亥，豕（豬）也。未，羊也。丑，牛也。……巳，蛇也。申，猴也。」文中的「禽」是動物的意思，這裡總共提到十一種動物與十二地支的配合，和現在的十二生肖相比，只差了「辰龍」。巧在同為東漢人的趙曄在其《吳越春秋》中又有「吳在辰，其位龍」的記載，正好補上了「辰龍」之缺，湊全了與十二地支相配的十二生肖。其後，屬相或生肖的概

念便逐漸應用並流傳下來。比如《紅樓夢》第五十七回，寶釵跟黛玉開玩笑時，黛玉就說：「他（指薛蟠）不在家，或是屬相生日不對，所以先說與兄弟（指薛蝌）了。」

　　至於古人為什麼選擇雞、犬（狗）、豬、兔等十二種動物來配合十二地支，說法各不相同。比如，宋代洪巽的《暘谷漫錄》中認為是根據十二地支的陰陽屬性與動物趾、蹄的奇偶數來匹配的：「子鼠、丑牛、寅虎、卯兔、辰龍、巳蛇、午馬、未羊、申猴、酉雞、戌犬、亥豬為十二相屬，前輩俱未有明所以取義者。予曩見日家璩公選云：『子、寅、辰、午、申、戌俱陽，故取相屬之奇數以為名。鼠五指，虎五指，龍五指，馬單蹄，猴五指，狗五指。丑、卯、巳、未、酉、亥俱陰，故相屬之偶數以為名。牛四爪，兔兩爪，蛇雙舌，羊四爪，雞四爪，豬四爪。』其說極有理。」明代李長卿《松霞館贅言》則依據「物理相生相剋」的理論來解釋這一問題：「子何以屬鼠也？曰：天開於子，不耗則其氣不開。鼠，耗蟲也，於是夜尚未央，正鼠得令之候，故子屬鼠。地辟於丑，而牛則闢地之物也，故醜屬牛。人生於寅，有生則有殺，殺人者，虎也；又寅者，畏也，可畏莫若虎，故寅屬虎。……」民間也有玉皇大帝選拔十二種動物在天上按時辰值班的傳說，此不贅述。

本命年

生肖每十二年輪轉一次，本命年就是十二年一遇的農曆屬相所在的年份，俗稱「屬相年」。如丑年出生的人屬牛，再遇丑年，就是這個人的本命年。

本命年紅腰帶

在漢族傳統習俗中，本命年常常被認為是一個不吉利的年份，所以民間又將它稱作「坎年」，意思是說遇到本命年如同遇到了一道坎。民間傳說，到了本命年，不論大人小孩都要繫上紅腰帶，俗稱「扎紅」，小孩子還要穿紅背心、紅褲衩、紅襪子，這樣才能趨吉避凶。 一些地方還有祭拜「本命神」、供奉關老爺和佩戴貔貅的習俗。每逢春節，市場上還會有人出售「吉祥帶」、「吉祥結」（紅色綢帶），遇到本命年的人將之繫在腰間或手腕上，也是祈福消災的一種形式。

直到今天，過本命年的風俗在民間仍然非常流行。其實，「本命年不吉利」的說法是沒有任何科學依據的。人一生中難免會遇到一些困難、挫折，如果這些困難、挫折恰好出現在本命年，就很容易使人將二者聯想起來；而本命年發生的好事情，往往會被人們忽略。我們一定要以科

學的態度對待這一民間習俗，可以將十二年一輪的本命年作為人生中的重要節點，舉行一些有意義的紀念儀式；切勿迷信「本命年不吉利」的荒謬說法，而縮手縮腳、提心吊膽地度過這一年。

第一章　誕生禮

第二章　成年禮

▎成年禮概述

　　成年禮，也稱「成人禮」，是為成長到一定階段的年輕人進入成人行列，並取得正式進入社會的資格而舉行的認證儀式。成年禮是最基本也是最重要的人生儀禮之一，它對一個人的成長，尤其是心理年齡的成熟具有不可估量的作用。所以，古今中外都非常重視成年禮。

　　成年禮源於原始社會的「成丁禮」。成丁禮又叫「入社式」，是原始社會中男女青年跨入成年階段所必經的儀式。通常是在一個莊嚴的場合，由部落首領對適齡青年進行毅力、智力和體力的考驗，以確定他們是否具備了充當氏族、部落正式成員的條件。透過考驗的青年男女，可以換上成年人的服飾，並得到氏族公社成員的權利，如參加會議、選舉等；同時要承擔相應的義務，如參加勞動和戰鬥。

　　成年禮發展至周代，擺脫了以考驗為目的的嚴酷形式，而成為一種強調青年社會責任和賦予青年社會權利的文明之禮。之後，成年禮作為人生儀禮中的重要內容，得以不斷完善並流傳下來。其中男子的成年禮叫作冠禮，女子的成年禮則叫作笄禮。

　　不同民族的成年禮各具特色，有以改變髮型、頭飾

為象徵的成年禮，如岜沙苗族的「剃頭」、藏族的「戴頭」、土族的「戴天頭」等；有以改變服飾為象徵的成年禮，如彝族的「換裙禮」、普米族和納西族的「穿褲子禮」等；有以拔牙、染齒、紋身為象徵的成年禮，這是原始時代世界各民族廣泛流行的儀式，在部分少數民族中至今仍有所保留，如布朗族的「漆齒」、布依族的「報棘」、黎族的「繡面」等；還有一些具有很強的儀式性和教化作用，複雜並完全制度化的成年禮，古代漢族的冠禮、笄禮就屬於此類。

清代以後冠禮、笄禮逐漸式微乃至失傳，但民間至今仍存在各種民俗成年儀式。

▌古代冠禮

冠禮源流

冠禮是古代最具代表性的男子成年禮。所謂「冠者，禮之始也」，《儀禮》將冠禮列為開篇之禮，可見古人對其十分重視。古代男子到了加冠的年齡，不舉行加冠儀式，被認為是非禮的。

根據《儀禮》、《禮記》等文獻記載，冠禮最早在周代士及以上貴族階層中流行，儀式非常莊重、繁複；春秋

戰國至魏晉南北朝，冠禮的很多
儀式發生了簡化或變異；唐代上
層人士對冠禮做了重整，但在民
間這種儀式出現衰落之勢；宋代
司馬光的《書儀》、朱熹的《家
禮》對冠禮做了適應性的改變，

古代玉冠

使之煥發新的活力，在士庶階層中廣泛流行；元代冠禮不
見於文獻記載；明代冠禮得以重建，但後期再度衰微；清
代由於髮式的改變及其他社會原因，冠禮發生重要改變，
幾乎斷絕。

古代男子加冠的年齡

　　古代男子一般在二十歲時舉行冠禮。《禮記‧曲禮上》
就有記載：「男子二十冠而字」、「二十曰弱，冠」。二十
歲時身體還不是很強壯，所以稱「弱」，後來男子二十歲
也稱「弱冠之年」。

　　然而凡事都有特例。雖然周代禮法規定男子二十歲行
冠禮，但天子為了早日執掌國政，很多都會提早舉行成年
禮，比如周文王十二歲而冠，周成王十五歲而冠。隨著時
代的變遷，二十歲加冠的風俗也有所變化。宋代司馬光
的《書儀》中規定，男子十二到二十歲，只要沒有父母喪

期，就可以舉行冠禮。民間也不拘泥於二十歲舉行成年禮的說法，十五到二十歲都可舉行。清中期以來，成年禮就規定在娶妻前數日或前一天舉行。

冠禮的環節

《儀禮·士冠禮》中記載，貴族男子的冠禮必須由其父親或兄長在宗廟裡主持。其儀式非常隆重，主要包括筮日、筮賓、冠日陳服、初加、再加、三加、取字等環節。

《儀禮·士冠禮》相關記載

　　筮日，即透過筮者（專門負責占卦的人）的卜算，確定加冠的良辰吉日。

　　筮賓，即透過卜筮確定一位在儀式上為冠者加冠、取字的主賓。一般由主人邀請當地有聲望的人士擔任，並在冠禮舉行的前三天透過卜筮的方式最終確定。

　　冠日陳服是指在舉行冠禮的當天清晨，主人家預先把儀式上所用的一切器物擺設妥當，為冠禮的舉行做好準備。

　　冠禮正式開始後，將要加冠的青年身穿童子服、以錦束髮出場，由主賓將其髮式梳理為成人的式樣；然後，主賓口念祝辭，並為其加冠三次，即初加、再加、三加。

冠禮

　　初加之冠為黑麻布材質的緇布冠，象徵著加冠的青年從此能夠參政，擔負起社會責任。相傳這種緇布冠非常古老，在周代已經不屬於貴族的禮服了。加冠者只是在冠禮中象徵性地戴一下，而在日常生活和社交活動中都不會戴它。初次加冠後，青年還要換上與緇布冠相配的衣裳、鞋子，並向所有參加自己冠禮的人表演一些動作，以表示自己的外表和舉止都已是成年人了。

　　再加之冠是白鹿皮做的皮弁，也就是古代軍人所戴的軍帽，表示加冠者從此可以服兵役保家衛國。皮弁的形式就像瓜皮帽，但要用白色的鹿皮製作，和麻布衣裳、鞋子（當時貴族在正式場合穿著的禮服）配套穿戴，所象徵的地位要比緇布冠尊貴。

　　三加之冠是紅中帶黑的爵弁（當時的禮帽），配套穿絲質的衣裳，這是當時貴族在祭祀時所穿的禮服，代表加冠的青年從此可以參加祭祀大典。

　　三次加冠所改換的冠服越來越尊貴，隱含了加冠者的德行、聲望、地位與日俱增的美好寓意。

　　加冠完成後，主人會設酒宴招待來賓和贊者（司儀），加冠的青年則要進入內庭拜見母親。之後，加冠者要返回參加冠禮的另一項重要儀式 —— 由主賓為其取「字」。古人的名一般是出生三個月後由父親來取，字則

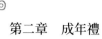

要等到成年後由冠禮的主賓來取。主賓為加冠者所取的字，和加冠者的名有密切關係（一般是對名的補充或解釋），並具有美好的含義。取字的方法主要有三種：一是與名同義相承。比如屈原名平、字原，取《爾雅》「廣平為原」之義；周瑜字公瑾，瑜、瑾都是美玉的名字。二是與名反義相對。比如孔子的弟子曾點字皙，小黑曰點，色白曰皙，故取字「皙」；唐代詩人王績字無功，績是功業，故取字「無功」。三是據名連義推想。比如三國名將趙雲字子龍，是據《周易》中「雲從龍，虎從風」之典故來取字；宋代文學家蘇軾字子瞻，是據《左傳·莊公十年》中「下視其轍，登軾而望之」之典故取字（瞻，即向遠處或高處看的意思）。加冠者取字以後，一般情況下只有長輩才能喊其「名」，平輩或晚輩只能稱呼其「字」。

　　加冠易服和取字是冠禮的核心環節。之後，加冠者還要前往拜見兄弟，拜謝贊者，拜見姑姨姐妹。最後，加冠者要用玄色的禮帽、禮服換下第三次加冠時所戴的帽子和衣服，攜禮參拜國君、卿大夫（在鄉有官位者）和鄉先生（退休鄉居的官員）。

　　至此，冠禮圓滿結束，加冠者從此正式邁入成人的行列，其身分、地位會得到社會各方面的承認。

▎古代笄禮

　　古代女子一般在十五歲許嫁之後舉行笄禮，取表字。《禮記·曲禮》中「女子許嫁，笄而字」的記載，說的就是這一風俗。盤髮插笄是古代女子成年的象徵，其中笄就是女子插在髮髻上的簪子。古代女子如果已年滿十五歲，就算是沒有訂婚，也可以行笄禮。

古代髮簪

　　在古代，女子未成年時只梳簡單的髮髻，用絲布捆束。舉行笄禮時，主賓在贊者的協助下為女子梳頭加笄，即盤起她的頭髮，用一根簪子固定住，團於頭頂或腦後。髮式的改變，象徵著笄者少女時代的結束，從此以後，她可以談婚論嫁了。相對於男子的冠禮，女子的笄禮除此之外沒有什麼複雜的意義。至今，很多地方仍流行以女子髮式的改變作為其成年的外在象徵。

　　和冠禮一樣，笄禮也要提前卜筮以確定日期並邀請主賓。一般由笄者的祖母或母親主持，主賓由姻親婦女中賢惠知禮者擔任，贊者亦為女性。

　　古代女子加笄也要「三加」。女子初次加笄後要回到

房中更換衣服，然後向父母行拜禮，感謝父母養育之恩；隨後再次更換髮笄和衣服，向主賓和來賓行拜禮，表示對長輩的尊敬；接著第三次更換髮笄和衣服，並向家廟行拜禮，表示傳承家風。

　　笄禮在宋代最為典型，尤其是公主的笄禮，要在宮中殿庭舉行，並且皇帝要親臨。公主三次加笄，初加冠笄，再加冠朵，三加九翬四鳳冠，每次加笄都有不同的祝辭和音樂。加笄、取字後，公主要叩拜君父，聆聽訓辭：「事親以孝，接下以慈。和柔正順，恭儉謙儀。不溢不驕，毋诐毋欺。古訓是式，爾其守之。」訓辭宣讀完畢，公主再拜，並向皇帝保證：「兒雖不敏，敢不祗承！」接下來，公主還要去拜見母后。最後，公主回到座位上就坐，接受皇后、妃嬪和參加典禮的掌冠、贊冠官等人的祝賀。

笄禮

　　從明代開始，笄禮在貴族階層逐漸衰落，但在民間還是有影響。它與婚禮關係十分密切，所以逐漸與婚禮合併，其儀式則大大地簡化了。

當代民間成年禮俗

「慶號」

　　古代冠禮在傳承發展中出現了兩種形態，一種是上層社會依傳統規制而舉行的冠禮，另一種是民間自覺傳承的成人禮俗。清代以後，在上層社會流行的冠禮逐漸失傳，但民間的冠禮並沒有斷絕，而是以變異的形式保存了下來。其中較有代表性的是上海青浦一帶的「慶號」儀式。

　　「號」就是大號，也就是大名、學名。「慶號」就是當地青年男女（尤其是男子）成年以後慶賀自己取大名的習俗。這實際上是古代男子加冠、取字習俗的傳承和變異。按照當地風俗，父母為孩子取的小名都比較隨便，比如阿大、阿三、阿喜、阿春。當小孩子長到說親、成婚年齡的時候，再叫小名就顯得不太莊重，於是便有了慶號的儀式。

　　慶號的儀式最晚開始於清代。光緒年間《青浦縣誌‧雜記下‧補遺》中就記載了當地慶號的風俗：「古人冠而後字，斯禮久廢。今泖濱農家，弱冠後為酒食，邀裡中士人

命字，召鄉黨食之，謂之慶號，尚有古意。」這一風俗延續至今。當地凡是有年滿二十歲男孩的人家，都互相約定時間，為孩子舉行慶號儀式。

圓鎖

圓鎖是一種民間成年禮俗。以山西為例，當地的小孩子在過十二歲生日的時候，要以隆重的儀式進行慶祝，並象徵性地舉行一個開鎖儀式，稱為「圓鎖」，又叫「做十二」。

內蒙古傳統剪紙《圓鎖》

按照當地民間的說法，小孩子出生後魂魄不全，要用鎖來鎖命；直到十二歲時魂魄才可齊全，這時就要舉行圓鎖儀式。

傳統的圓鎖儀式一般在中午舉行，程序比較複雜。如今，這種儀式已經簡化。開鎖前，主人家先要在家裡的祖

宗牌位前擺設糕點、水果、菜餚等祭品。全家老少聚集到祖宗牌位前，點香，磕頭。長輩要在等待開鎖的孩子前訓示，然後，開鎖人（一般由孩子的舅舅擔任）向祖宗禱告，等待開鎖的孩子則要在祖宗牌位前跪拜。之後，開鎖人用鑰匙打開事先掛在孩子脖子上的鎖（鎖上裹著十二層紅布，象徵孩子十二歲），儀式宣告結束。然後全家人還要聚在一起享用家宴，以示慶祝。

出花園

「出花園」是民間為孩子告別童年而舉行的一種成年禮。很多人家庭院裡都有小花園，孩子小時候在花園裡玩耍，所以「花園」也象徵無憂無慮的童年時代。當孩子年滿十五歲後，就算是長大成人了，應該走出「花園」，進入社會。

出花園儀式舉行的日期，各地有所不同，或提前求神問卜以擇吉日，或在農曆七月初七這天舉行，或在孩子十五歲生日時舉行。

出花園的具體儀式，各地也有所不同。總體來看，主要包括祭拜「公婆神」、沐浴、宴請等環節。

「公婆神」是民間信奉的兒童守護神。孩子的父母要提前準備三牲 —— 雞（男孩用公雞，女孩用母雞）、豬頭

肉、鯽魚，再加豬內臟、菜餚、水果、茶葉、酒等十二種祭品，在儀式當天祭拜「公婆神」。

沐浴是儀式當天最重要的環節。一般要將十二種花草放在煮開的水裡，等水溫適宜後進行沐浴。沐浴完畢，還要將水倒進花盆或花園裡。沐浴具有很強的象徵意義，在古今中外許多禮俗中都扮演著重要角色。傳統誕生禮中的洗兒會、西方基督教的「洗禮」、印度的恆河沐浴習俗、佛教的沐浴禮佛等，都是如此。在出花園儀式中，沐浴也是象徵受禮者由兒童轉變為成人的關鍵步驟。

沐浴之後，主人家要宴請親朋好友。宴席上擺的都是一些具有美好寓意的飯菜，如象徵團圓的湯圓、象徵長壽的麵條，還有受禮者

必須吃的一道菜──「咬雞」，即雞頭。最後，親朋好友要向受禮者表達祝福，並叮囑處世經驗。

做十六歲

「做十六歲」是臺南等地民間流行的成人禮。在臺灣民間信仰中，「七娘媽」（七星娘娘）是孩子的守護神。當地人在孩子滿周歲時，會向七娘媽祈「券」（護身符），並用紅線串古錢或銀鎖片，掛在孩子脖子上，以保佑孩子健康成長。等孩子長到十六歲時，就要在農曆七月

初七這天，到開隆宮（七娘媽廟）
祭拜，並舉行「脫絭」的成人禮，
這就是「做十六歲」。

七娘媽亭

「做十六歲」所用的器物，除
牲禮、麵線、粽類等供品外，還有
一個特殊的道具——七娘媽亭。
這是一座以竹籤為骨架，糊以色紙
而成的亭子，上供有七娘媽神像。
祭拜後，孩子的父母或長輩高舉起
七娘媽亭，背對廟門，讓孩子從後往前鑽亭下繞三圈（男
往左繞，女往右繞），象徵孩子已長大成人。之後要將七
娘媽亭焚燒，並將掛在孩子脖子上的古錢或銀鎖片拿去，
當地叫作「脫絭」。

當日，「做十六歲」的人家還要在床邊祭拜床母（床
神），並宴請親朋好友。孩子的外婆要將事先準備的禮物
送給外孫（女）。

隨著時代的發展，今天「做十六歲」的儀式出現了簡
化和變異的現象，但作為一種地方性的成年禮俗，它仍在
當地青少年成長的過程中扮演著重要角色。

▌成年禮的意義

　　成年是一個人生命中的重要轉折點，成年禮對於個人、家庭和家族、社會和國家都具有特殊的意義。

　　莊嚴、神聖的成年禮能夠幫助受禮者實現心理上的身分轉換，使之盡快適應新的角色和生存環境，樹立成人意識。從此以後，受禮者步入一個嶄新的人生階段，要變得更加獨立和成熟，要學習全新的知識和生活技能，要擔負起更多的責任和義務，同時也開始享有法律賦予成年人的權利。

　　成年禮的舉行，意味著家庭和家族多了一位正式的事務參與者、責任承擔者、風險分擔者和利益分配者。

　　成年禮的舉行，也意味著社會和國家中增加了一位成熟的成員。社會和國家要賦予並保護他應該享有的權利，而他也要履行對社會和國家的義務，為社會發展和國家建設做出應有的貢獻，並接受社會和國家的管理、制約。

　　正因為成年禮具有如此重要的意義，所以古代上層社會和民間普遍重視它；而當代民間傳統成年禮的流行和校園新型成年禮的興起，證明了這一人生儀禮在當代仍具有傳承、創新的重要價值。

第三章　婚禮

▍婚禮概述

婚姻、婚禮釋義

婚姻，即一男一女結為夫妻的意思，通常也稱為「女嫁男娶」，如《辭源》中就釋「婚姻」為「嫁娶」。

將「婚」、「姻」二字分開來看，前者指婦家，後者指婿家。「婚」是一個形聲兼會意字，本義為婦家，即妻之家，也指婦之父。《說文解字》解釋說：「婚，婦家也。禮，娶婦以昏時。婦人，陰也，故日婚。從女，從昏，昏亦聲。」古代黃昏迎親，故「昏」既表字音，也表字義。「姻」也是一個形聲兼會意字，本義為女婿家，即結親的男家，也指夫或夫之父。《說文解字》解釋說：「姻，婿（婿）家也，女之所因，故日姻。從女，從因，因亦聲。」漢代《白虎通義》中也有類似的解釋：「婚姻者何謂也？昏時行禮，故謂之婚也。婦人因夫而成，故日姻。」

《說文解字》對「婚」、「姻」二字的解釋

　　因此，將「婚」、「姻」二字合起來，就表示男女結為夫妻，也指男女結為夫妻後的已婚狀態。《毛詩序》釋《鄭風‧豐》曰：「婚姻之道缺，陽倡而陰不和，男行而女不隨。」孔穎達疏進一步解釋道：「論其男女之身，謂之嫁娶；指其好合之際，謂之婚姻。嫁娶、婚姻，其事是一。」確實如此，「婚姻」和「嫁娶」其實是同一個意思，只是不同場合的不同稱呼而已。

　　婚禮的本義是婚姻的禮節。在古代，婚禮主要包括納采、問名、納吉、納徵、請期、親迎，合稱「六禮」。現在的婚禮通常是指結婚儀式，即男女雙方在締結婚姻關係過程中涉及的各種禮儀形式 —— 與古代的「六禮」大同小異，只是由於時代的不同，在不同的環節上有輕重之別而已。

　　婚禮又常被用作圍繞戀愛和嫁娶所形成的各種文化現象的總稱，也稱「婚俗」或「婚姻文化」、「婚禮文化」。作為人生四大儀禮之一，婚禮被視為一個人的「終身大事」，其地位十分重要，所以古今中外都非常重視這一人生儀禮，由此形成了豐富多彩、各具特色的婚姻文化。

古代婚禮

　　婚姻文化的主體部分是婚姻，此外還包括婚前戀愛期的種種習俗。這不單是因為「戀愛」、「婚姻」兩個詞經常連用，更因為戀愛是婚姻的前提和預備期。鑑於此，本書所說婚禮的主要內容包括以下兩個方面：

■ **戀愛與說媒習俗**：戀愛一般是指結婚之前男女之間相互愛慕的行為，是婚姻中不可或缺的要素，也是婚姻文化中的重要內容。在傳統婚禮中，說媒是由戀愛到結婚的必經之路。自古「無媒不成婚」，即便是自由戀愛，結婚之前也得有個媒人「合和二姓」，以避免本人當面提親可能遇到的尷尬。因此，說媒習俗也是婚姻文化中的重要內容。

■ **婚姻習俗**：這是婚姻文化中最重要的內容，具體又包括婚姻形式、嫁娶方式、婚姻過程（六禮）、成親儀式、婚姻觀念以及其他婚姻風俗等。

婚禮的起源

婚禮是人類文明的象徵。在原始社會，「男女無別，夫婦無義」（《大戴禮記》），婚姻禮儀無從談起。有了婚姻禮儀，也就是有了「夫婦之義」，人類從此才進入了文明社會。

中華婚俗文化源遠流長。傳說女媧創造了人類，但人類壽命有限，會不斷地死亡。因此，女媧只能不停地工作。後來她想了一個辦法：讓男女配對，自行繁衍。於是女媧就發明了婚姻制度，她也成了人類歷史上最早的媒人，被後人稱為媒神。

又據唐代李冗《獨異志》記載：「昔宇宙初開之時，只有女媧兄妹二人在崑崙山，而天下未有人民，議以為夫婦，又自羞恥。兄即與其妹上崑崙山，咒曰：『天若遣我兄妹二人為夫妻，而煙悉合；若不使，煙散。』於是煙即合。其妹即來就兄，乃結草為扇，以障其面。」大意是說：在天地開闢之初，大地上還沒有人類，只有伏羲、女媧兄妹二人。後來，女媧兄妹以煙合為信，以草扇障面，結為夫婦。其中的「煙合為信」、「草扇障面」，就是最早的婚姻禮儀。

剪紙《女媧造人》

人類進入文明社會以後，有關婚姻的禮儀逐漸完善。據唐代杜佑所寫的《通典》記載：「遂皇氏（即人皇氏）始有夫婦之道。伏犧氏（即伏羲氏）制嫁娶，以儷皮為禮。五帝（《史記》中的五帝是指黃帝、顓頊、帝嚳、堯、舜）馭時，娶妻必告父母。夏氏親迎於庭，殷迎於堂。周制，限男女之歲，定婚姻之時，親迎於戶。六禮之儀始備。」宋代鄭樵的《通志》中也有類似的記載。總之，婚姻六禮的完備，象徵著婚姻禮儀的正式形成。

婚姻形式

婚姻形式可分為包辦婚姻和自由婚姻兩大類。包辦婚姻是指違反婚姻自主原則，由父母或長輩包辦子女或晚輩婚姻的行為，又稱不自主婚。按照一般的理解，包辦婚姻完全由父母做主，無視子女的個人意願，主要流行於古代。然而，《四庫全書》中查不到「包辦婚姻」一詞。換句話來說，清代乾隆以前，人們對「包辦婚姻」並沒有明確的概念，也沒有廣泛的關注和討論。「包辦婚姻」一詞

最早出現於清代中葉以後,這在中華文化五千年的文明歷程中,所占的時間是非常短暫的。

現在,一些人認為包辦婚姻是古代主要的婚姻形式,其論據有三條:一是「父母之命,媒妁之言」是古代婚姻成立的要件;二是「六禮」為包辦婚姻提供了禮制上的根據;三是歷代法律有關於主婚權的規定,即由父母或法定長輩為子女、晚輩的主婚人。其實這並不能說明包辦婚姻是古代婚姻的主流,因為「包辦婚姻」與「六禮」、「主婚」等是完全不同的概念。當代婚禮上也有主婚人,但與包辦婚姻沒有任何關係。

客觀而論,不論是古代、近代還是現在,的確出現過包辦婚姻,但這絕非婚姻形式的主流。真正的包辦婚姻,主要是出於政治目的、家族利益或經濟原因等方面的考慮,比如漢代公主的和親、《紅樓夢》中賈寶玉和薛寶釵的婚姻等;普通家庭很少採取這種方式。從歷代文獻記載及文學描寫中都可以看出,古代絕大多數父母、尊長主婚的婚姻,都是在子女兩相情願的前提下結合的,也就是自由婚姻。

《紅樓夢》寶玉、寶釵成婚

　　自由婚姻是在自由戀愛的基礎上，完全出自男女個人意願而締結婚姻的一種形式。它不僅是歷代婚姻形式的主流，也是人類文明社會追求的婚姻理想。自由婚姻並不是當代人的「專利」，而是伴隨著人類婚姻的歷史一直存在的。

　　早在先秦時期，自由的婚姻形式就已經存在。像《詩經》中的〈周南・關雎〉、〈鄭風・溱洧〉、〈衛風・氓〉、〈邶風・靜女〉、〈鄭風・子衿〉等詩篇中所描寫的，都是自由戀愛、自由婚姻。至於〈齊風・南山〉中所說的「取妻如之何？必告父母」、「取妻如之何？匪媒不得」，也只是說明了當時婚姻儀禮的完善，並不能因此否定當時的婚姻主流為自由婚姻。

　　秦漢以後，絕大部分婚姻也都是在男女個人意願的基礎上，由媒人來回說合、父母具體操辦而完成的。在男女交往、結婚、離婚、婦女改嫁諸方面，都不像許多人想像的那樣黑暗、有那麼多的束縛。宋代范仲淹一歲的時候母親就改嫁到了山東朱家；蘇軾一生娶了三位妻子（王弗、王閏之、王朝雲），都是他自己同意的；李清照在丈夫趙明誠去世後，曾改嫁張汝舟，嫁後不久又提出並獲准離婚……「元代四大愛情戲」——《西廂記》、《牆頭馬上》、《拜月亭》和《倩女離魂》所寫的四個愛情故事，都是男女自由結合，不能說是包辦婚姻；明末馮夢龍的「三言」和清初蒲松齡的《聊齋志異》中描寫的愛情、婚姻故事，絕大多數也都屬於自由婚姻，而很少有真正的包辦婚姻。

《西廂記》長亭送別

事實證明，自由婚姻不僅是人類文明社會追求的婚姻理想，也是自有文字記載以來歷代婚姻形式的主流。

嫁娶方式

嫁娶方式，也稱婚姻方式，指男女結合成家的方法和形式。自人類步入文明社會以來，婚姻的嫁娶方式雖然因地區、因民族而各不相同，但大致不外乎以下三種：

其一，女到男家，即男娶女嫁的婚姻方式，俗稱「娶媳婦」。把女子送到男家成親，謂之嫁；將女子接到男家成親，謂之娶。這是自古至今流傳最廣的一種嫁娶方式。

其二，男到女家，國外稱「從妻居住」，國內稱「招女婿」（與「娶媳婦」相對），俗稱「倒踏門」或「倒插門」。《詩經・邶風・匏有苦葉》中有「士如歸妻，迨冰未泮」之句，有學者指出這就反映了先秦時期從妻居住的婚俗。這種方式後世也有傳承，但不是古代婚姻的主流。

其三，獨立成家，即既不到男家，也不到女家成親，而是一旦結婚就自立門戶，不與父母住在一起。由於古代極為重視孝道、倫理，強調天倫之樂，講究「四世同堂」、「五世同堂」等，所以古代家庭結構更加緊密、穩固，這種婚姻形式並不流行。現在，伴隨著人口流動的加劇和人們工作範圍的擴大，獨立成家已成為年輕人的主要

婚姻方式。

　　說到底，嫁娶方式就是成親的地點在男家還是女家，或者說結婚後住在哪裡的問題。不管是哪種嫁娶方式，只要夫妻能夠孝敬雙方父母，彼此相敬相愛，就可以擁有美滿、幸福的婚姻。

▍戀愛與說媒習俗

戀愛的類型

　　戀愛習俗是圍繞著結婚前男女的愛慕行為而形成的一系列習俗。戀愛不僅是人生中的一個重要階段，而且是婚俗文化的重要內容，也是人類文明、社會進步的一個重要表現。

　　從大的範圍來說，戀愛可分為開放型、保守型和介於開放與保守之間的固定型三種。

■ **開放型的戀愛**：即人們常說的「自由戀愛」，是指男女青年可以自由交往、表白愛情、自己選擇戀人的一種戀愛方式。自由戀愛的習俗可謂由來已久。先秦時期就有一些描寫愛情的詩句，比如《詩經‧周南》中的「關關雎鳩，在河之洲。窈窕淑女，君子好逑」、《詩經‧秦風》中的「蒹葭蒼蒼，白露為霜，所謂伊人，在水一

方；溯洄從之，道阻且長，溯游從之，宛在水中央」
等，看起來都是自由戀愛。

- **保守型的戀愛**：絕無自由可言，其婚姻完全由父母包辦 —— 實際上就是並不存在戀愛這一過程。

- **固定型的戀愛**：是介於開放和保守之間的一種戀愛方式。這種戀愛習俗，平時也禁止男女青年的自由交往，但在一個特定的時間，要舉行一次類似「狂歡節」的活動，而在這種活動中，青年男女可以自由地選擇自己心目中的戀人。先秦時期鄭國等地的戀愛風俗，就類似於這種類型。

戀愛是男女雙方的事情，兩情相悅是戀愛的前提，也是婚姻的基礎。即使在古代，也只有少數婚姻是沒有戀愛的基礎而由父母或媒妁強制完成的。

戀愛與節令

戀愛習俗與節令文化有著千絲萬縷的關係。

《周禮・地官・媒氏》載：「仲春之月，令會男女，於是時也，奔者不禁。若無故而不用令者，罰之。」大意是說，在每年的仲春（農曆二月），要由媒氏（掌管婚姻之官）主持，令適婚男女相會。如果到了適婚年齡而不參加此會，就要受罰。這類似於現在的相親大會，只是帶有硬

性規定的性質。古人認為仲春是陰陽二氣相會之時，適齡男女在此時相會、戀愛乃至結婚，是順應天時的行為。

節日是傳統的慶祝或祭祀的日子，也是青年男女約會、戀愛的好時機。元宵節、上巳節、清明節、七夕節，都是與戀愛習俗較緊密的傳統節日。

元宵節是古代最為熱鬧、浪漫的節日之一。據記載，唐玄宗開元年間的元夕，長安燈市規模浩大，成千上萬人在花燈下載歌載舞，熱鬧非凡。盛大的燈會提供未婚男女相識的機會。在賞花燈、觀歌舞等節日活動中，未婚男女可以相識、相約。在古代的詩詞中，有不少借元宵以抒寫浪漫愛情的名篇，如宋代歐陽脩的〈生查子·元夕〉、辛棄疾的〈青玉案·元夕〉等；而在古代史籍、小說、戲劇中，也有不少關於元宵節男女相逢、相戀的故事。臺灣至今還有一些希望婚姻美滿的未婚女子，在元宵夜到菜園裡「偷摘」蔥葉或青菜的習俗。

上巳節是古代最重要的節日之一。古代民俗以農曆三月上旬的巳日（三國魏以後定為三月初三）在水邊洗濯並舉行祭禮，以祓除不祥，稱為修禊。後來又增加了宴飲、遊春、曲水流觴等娛樂活動。青年男女也借此機會以信物相贈，互訴心曲。《詩經·鄭風·溱洧》就是描寫三月上巳日鄭國青年男女在溱水和洧水岸邊遊春的詩，常被人們

上巳節青年男女踏青相會

當作自由、浪漫愛情的代表。由於青年男女在這個特殊的日子裡可以踏青相會，互訴衷腸，上巳節也被稱為古代的情人節。

清明節踏青的風俗，實際是對上巳節風俗的傳承和演變。上巳節與清明節時間接近，隨著上巳節俗的衰微，踏青游春的風俗就逐漸轉移到清明節中了。

唐代清明出遊、踏青已經蔚然成風，尤其是女子。五代王仁裕《開元天寶遺事》「裙幄」條中說：「長安士女游春野步，遇名花則設席藉草，以紅裙遞相插掛，以為宴幄。」唐代畫家張萱的《虢國夫人遊春圖》則描繪了楊貴妃的三姐虢國夫人及其眷從騎馬春遊的盛況。宋、明、清基本上延續了唐代女子春遊的風俗。這樣的節俗同樣提供青年男女相識、戀愛、約會的良機。清代蒲松齡的《聊齋志異》中，許多愛情故事的男女主角就是因為春遊踏青才相識、相愛的。

七夕節牛郎織女的愛情故事家喻戶曉，這一傳說早在東漢就已經定型，《古詩十九首》（「迢迢牽牛星」）是較

早描寫這個故事的詩作，後世以此為題材的文學作品更是
數不勝數。唐玄宗、楊貴妃七月七日在長生殿幽會密約的
故事，也隨著白居易〈長恨歌〉、白樸〈梧桐雨〉以及洪
昇〈長生殿〉等名作而千古流傳。雖然七夕的節日習俗和
文化內涵非常豐富，愛情故事只是其中一小部分內容，但
七夕仍是當代呼聲最高的傳統情人節。

唐·張萱《虢國夫人遊春圖》

清·王素《長生殿》

示愛方式

男女之間有許多方式相互表達愛意，其中比較有代表性的是以歌聲示愛和以信物傳情。

歌聲自古就是表達愛情的重要媒介。《詩經・國風》一百六十篇中，有近一半是在各地流傳的情歌；現存秦漢以來的樂府、民謠中，情歌也占了相當大的比例。

剪紙：男女對歌

各民族都有以歌聲表達愛情的習俗。北方的「爬山調」、「信天游」、「花兒」，南方的山歌、小調中，無不充滿愛的元素。這些情歌或歌唱男女相識、相戀的動人故事，或表達愛慕、相思的熱烈情感，或讚美心上人的品德、本領、容貌，用生動的歌詞和動人的旋律表現出絢麗多姿的愛情生活。在一些能歌善舞的民族中，「對歌」、「搭歌」更是未婚男女交友、擇偶的重要方式。

透過信物傳達情意也是一種古老的方式，《詩經》中就有一些相關的詩篇。〈衛風・木瓜〉寫女子贈送木瓜，男子回贈美玉的美好愛情；〈鄭風・溱洧〉寫男女結伴遊春，互贈芍藥的熱烈場面；〈陳風・東門之枌〉寫男女聚

會歌舞，以花椒定情的浪漫習俗。

在戀愛習俗中，示愛的信物一般可分為植物類、飾物類、隨身物品類。植物類如上文提到的木瓜、芍藥、花椒等，飾物類如手鐲、戒指、耳環等，隨身物品類如手帕、腰帶、香包、佩玉等。

信物具有求愛、定情、訂婚等多種功能，在感情發展的不同階段，它可以表達不同的含義，發揮不同的作用。

媒妁

媒妁，民間也稱「媒人」，是男女婚戀的仲介人。《詩經·豳風·伐柯》曰：「取妻如何？匪媒不得。」《詩經·衛風·氓》曰：「匪我愆期，子無良媒。」《禮記·坊記》曰：「男女無媒不交。」《管子·形勢解》曰：「婦人之求夫家也，必用媒，而後家事成。」《孟子·滕文公下》曰：「不待父母之命，媒妁之言，鑽穴隙相窺，逾牆相從，則父母國人皆賤之。」可見，媒人在古代婚姻締結的過程中扮演著極為重要的角色。

古代的媒人有官媒和私媒之分。從現存文獻看，最早設置官媒的是周代。當時官媒的職責包括通令、督促適齡男女按時結婚，主管婚姻訴訟案件等。在歷史上，官媒一直掌管著人們的婚姻制度。大約戰國以後，社會上出現了

大量的私媒，一般由民間德高望重的男子或善於言辭的婦女來擔任。民間大量的婚姻是由私媒穿針引線而結成的，媒人也可由此獲得報酬。

在古代，婚姻講究明媒正娶，不經媒人從中牽線而結婚，會受到人們的輕視。即使男女雙方兩情相悅，也一定要請媒人登門說親，借媒妁之言，奉父母之命，才可以舉行結婚大禮。從提親開始，到訂婚、下聘、成親，整個婚姻過程都離不開媒人。可以說，媒人是古代社會「合法婚姻」的主要象徵。媒人不僅扮演著介紹人的角色，也是男女雙方間的溝通者和協調人。媒人說合得好，男女雙方都滿意，可以成就幸福美滿的姻緣；如果媒說得不好，男女雙方不滿意，可能會使婚姻不和諧，甚至拆散姻緣。

總之，古代媒人是正式婚姻程式中不可缺少的一環，在整個婚姻制度中扮演著關鍵角色，在促成婚姻締結方面發揮著重要作用；同時，由於媒人的地位過於突出，也造成了許多拆散婚姻的悲劇。

現在，說媒的習俗在民間仍然流行，只是媒人早已失去舊時的特權，不會對婚姻產生實質性的影響了。

媒神崇拜

媒神，古稱「高禖」，為主宰人間愛情、婚姻、生育

的神祇。媒神崇拜的歷史非常悠久,《禮記‧月令》就記載了古代天子用最高禮儀祭祀高禖之事。

最早的媒神是女媧。相傳她發明了婚姻,讓男人與女人結合後可以生兒育女。後人建「高禖祠」來供奉她,俗稱「高廟」或「女媧娘娘廟」。

伏羲之臣塞修也被後世尊為媒神。屈原〈離騷〉中有請塞修為媒,向宓妃傳達情意的情節:「吾令豐隆乘雲兮,求宓妃之所在。解佩纕以結言兮,吾令塞修以為理。」從此,塞修成為媒人的代名詞。

唐代出現了一位專司男女婚姻的媒神 —— 月下老人,也就是人們常說的「月老」。其來源是唐代李復言的《續玄怪錄‧定婚店》:書生韋固經過宋城時,看到月下坐著一位老人,正在翻看一本又厚又大的書。韋固很好奇,就走近和老人攀談。老人告訴韋固,這本書記載了天下所有男女的婚姻。老人又拿出身邊的一個大布袋,裡面滿滿的都是紅色的繩子。他說,只要這紅繩一繫,那就是注定的姻緣,誰也不能掙脫。後來,韋固從老人口中得知自己的姻緣,後雖歷經十餘年的波折,但老人預言的姻緣最終成為了現實。從此以後,「月下老人」的故事廣為流傳,月老也成為人們祈求美好愛情、婚姻的媒神。

月老神像

在古代的婚戀習俗中，媒神始終扮演著重要的角色，媒神崇拜也成為古代婚戀習俗中的重要內容。

媒人的別稱

媒人在古代婚姻中占有十分突出的地位，其形象經常出現在古代典籍中，與之相關的典故很多，這也使得媒人擁有眾多的稱呼。前文提到的「蹇修」、「月老」都是媒人的代稱。除此之外，媒人還常被稱作「冰人」、「伐柯人」、「紅娘」等。

「冰人」是古代對媒人的別稱，也叫「冰上人」；「作冰」則是說媒的代稱。這個典故來自《晉書》中記載的一個故事：晉人令狐策曾夢見自己站在冰上，跟冰底下的一個人說話。醒了以後，他請人解夢。解夢者說：「冰上為陽，冰下為陰。您做的夢象徵著陰陽之間的事。《詩經‧匏有苦葉》中『士如歸妻，迨冰未泮』的詩句，說的是婚姻的事。站在冰上跟冰下的人說話，是『陽語陰』，您大概要替人說媒，並且等天冷結冰以後就能成婚。」沒過幾

天，太守果然委託令狐策為自己的兒子求婚，並且在二月冰雪未融的時候，兩個年輕人就結婚了。後來就稱媒人為「冰人」，稱替人說媒為「作冰」。

《西廂記》紅娘傳書

「執柯」是古代對說媒的婉稱，「伐柯人」則是媒人的代稱。這一說法出自《詩經·豳風·伐柯》：「伐柯如何？匪斧不克。取妻如何？匪媒不得。」意思是說：想去砍柴怎麼辦呢？除非有斧頭，否則是砍不了柴的。想娶妻子怎麼辦呢？除非有媒人，否則是娶不回妻子的。後來便以「執柯」或「伐柯」代指說媒，用「伐柯人」指稱媒人。這種說法多用於書面語，日常口語中一般還是用「媒人」或「說媒」。

民間總是習慣把那些熱心促成別人美滿姻緣的人稱作「紅娘」，這一典故出自元代王實甫的雜劇《西廂記》。紅娘是女主角崔鶯鶯身邊的一個丫鬟。她聰明伶俐、妙語連珠，性格活潑爽朗、有膽有識。正是她克服了種種困難，為男女主角牽針引線，才成全了一椿美滿的婚事，使得有情人終成眷屬。紅娘的形象深入人心，所以後世以其稱呼成就美好姻緣的媒人。

婚禮過程

「婚義七禮」與「周公六禮」

「周公六禮」相傳是西周時期周公提出的有關男女婚姻的禮儀，實際上就是男女成婚的六個階段。

周公是周文王的兒子、周武王的兄弟，名叫姬旦，曾兩次輔佐周武王討伐商紂王，是西周的開國功臣。同時，周公也是儒學的先驅，曾幫助周武王製作禮樂。相傳規範男女婚姻的「婚義七禮」就是周公制定的。

西周開國之初，社會動盪，人心不安。周公為了整飭民風，親自製作禮樂，教導百姓。針對當時男女婚姻混亂的狀況，周公專門制定了「婚義七禮」，從男女說親到嫁娶、成婚，共分納采、問名、納吉、納徵、請期、親迎、敦倫七個環節，每個環節都有具體的規定。周公還親自到當時的官辦學校「辟雍」去向學生講解「婚義七禮」。由於「敦倫」一節不能親自示範，於是，他靈機一動，將「敦倫」改成了「合巹」——將一個葫蘆剖成兩個瓢，夫妻各執一瓢飲酒，象徵夫婦合為一體，繁衍子孫。從此以後，人們都按照「七禮」的規定舉行婚禮，原本用作教具的葫蘆瓢，也成了婚禮上的禮器，一般是用一根紅繩拴住兩個瓢柄，用過之後還必須一仰一合地擺放在新房內。

春秋時期，諸侯紛爭，禮崩樂壞，周公制定的「婚義七禮」也逐漸廢弛。相傳，孔子重新整理、修訂「六經」——《詩》、《書》、《禮》、《樂》、

儀禮圖·納采及問名圖

《易》、《春秋》。他正式將「婚義七禮」中的「敦倫」改為「合卺」，並將其合併到「親迎」這一環節當中。從此以後，周公原創的「婚義七禮」便成了「周公六禮」，即納采、問名、納吉、納徵、請期、親迎。

■「納采」為六禮之首，是婚姻禮儀的第一階段，即請媒人提親。媒人提親時所帶的禮物（相當於現在的見面禮），古代是一隻活的大雁。納採用雁的原因有多種說法：有人說是因為雁為候鳥，具有順應陰陽的象徵意義；有人認為是「取其隨時南北，不失其節，明不奪女子之時也」；也有人說是因為大雁「飛成行，止成列也。明嫁娶之禮，長幼有序，不相踰越也」；後來又有人說，雁失配偶後，終生不再找配偶，取其忠貞之義。

- ■「問名」即詢問男女雙方的姓名，實際是問清楚雙方的生辰八字，用來請算命先生合婚。也可以將對方的八字庚帖擺在自家的祖先牌位前，以觀測吉凶，吉則宜婚。

- ■「納吉」也就是現在所說的訂婚。「問名」卜得吉兆後，男方就請媒人到女方家送訂婚禮。古代的訂婚禮也是用雁，後來則多用傳家寶、金釵、金戒指之類。

- ■「納徵」就是下聘禮，又叫「大聘」、「過大禮」或「茶禮」。雙方經過協商後，男家將聘禮送往女家，兩家正式結為親家。納徵是婚姻六禮中最重要的一個環節，女方一旦接受了聘禮，就不能再反悔。至於聘禮的多少，則視兩家的具體情況而定，通常數目取雙忌單，禮物的名稱也多具有吉祥如意的含義。

- ■「請期」即請求結婚的日期。一般男家選定婚期後，要請求女家的同意，俗稱「擇日子」。

- ■「親迎」即正式舉行婚禮。這是「六禮」中的最後一個環節，也是最熱鬧的一個儀式。其中包括接親、入門、拜堂、入洞房、合巹（現代婚禮中多為飲交杯酒）等許多儀式。「親迎」之禮雖因時因地而異，卻總離不開喜慶、熱鬧的場面。

值得一提的是，雖然「六禮」是傳統婚姻的基本環節，但古人在具體執行過程中也不都是嚴格遵循「六禮」

的規範。總體來說，官員、富商等大戶人家一般會嚴格遵循「六禮」，普通人家則往往刪繁就簡，把「六禮」縮減為「五禮」、「四禮」甚至「三禮」。比如「納采」提親的時候，如果對方同意，當場就「納吉」訂婚了；「納徵」下聘禮的時候，順便把婚期定下來，以後也就不用再「請期」了等等。

「三書六禮」

「三書六禮」是指傳統婚姻禮俗中的三種文書和六項儀式。「三書」即聘書、禮書和迎書（迎親書），統稱「婚書」；「六禮」即前文所說的「周公六禮」。這裡只說「三書」。

「聘書」是男女雙方訂親時所用的文書。其中男家交給女家的叫「納聘書」，女家回覆男家的叫「回聘書」。「禮書」即過大禮時所用的文書，主要列明聘禮的物品和數量。「迎書」即迎娶新娘的文書，古代一般是在「請期」的時候由男方送達女家，後來一般在婚前送達即可。

「三書」的出現晚於「六禮」，是後世婚姻過程中必不可少的手續，也可以說是保障婚姻的有效文字紀錄。

婚禮中的「三書」都用大紅紙折疊後書寫（一般將紅紙折疊九次，類似於古代大臣所用的奏摺），封面一般寫

上「預報佳期」、「捷報良辰」或「天作之合」、「良緣夙締」之類表明目的或表達吉祥的詞語。正文則因「三書」的目的不同而略有差異。

「問名」與「合婚」

傳統婚姻「六禮」中的「問名」，實際上主要目的不是詢問對方的名字，而是詢問對方的生辰八字，以測算男女雙方的婚姻是否合適。按照傳統婚姻禮俗，確定婚事之前，男女雙方交換庚帖，以卜算八字是否相配，就叫作「合婚」。

八字合婚的風俗來自古代的陰陽五行學說。五行，即金、木、水、火、土，是古人認為的構成世界的五種基本元素。古人常以五行的相生相剋來說明宇宙萬物的起源和變化，算命先生也常以此來推算人的命運。所謂「相生」，即水生木、木生火、火生土、土生金、金生水；「相剋」，即水克火、火克金、金克木、木克土、土克水。後來又演繹出十二地支中的「六沖六合」。「六沖」是指子與午相沖、卯與酉相沖、辰與戌相沖、丑與未相沖、寅與申相沖、巳與亥相沖，「六合」是指子與丑合、寅與亥合、卯與戌合、辰與酉合、巳與申合、午與未合。古人以十二地支配十二屬相，所以就有了十二屬相的「六

沖六合」。其中「六沖」是指鼠與馬相沖、牛與羊相沖、虎與猴相沖、兔與雞相沖、龍與狗相沖、蛇與豬相沖，「六合」是指鼠與牛相合、虎與豬相合、兔與狗相合、龍與雞相合、蛇與猴相合、馬與羊相合。民間又有「屬相相害不宜配婚」的說法。所謂「屬相相害」，具體是指鼠與羊相害、牛與馬相害、虎與蛇相害、龍與兔相害、狗與雞相害、猴與豬相害。真正的八字合婚，必須由專業的算命先生來推算；而實際上，後世的合婚大多依據十二屬相的相合或相害來推算。又有屬相相合、相害歌訣，通俗易懂，簡明易記：

婚姻十二屬相相合歌訣

青虎黑豬上等婚，黑鼠黃牛前世修。

白蛇紅猴一世福，金龍玉雞兩相投。

紅馬白羊兩情願，玉兔黃狗到白頭。

婚姻十二屬相相害歌訣

從來白馬怕青牛，羊鼠相逢一旦休。

蛇虎相見如刀絞，龍兔配之淚交流。

金雞從來怕玉犬，豬見猿猴不到頭。

還有一種更簡單的合婚方法：請到對方的八字庚帖後，將庚帖在祖先供案上放三天，如果這三天家中平安無事，就是「吉」，可以順利成婚；如果男女雙方家中出現

任何意外或不祥之兆，比如家中被盜、物品損毀、家人生病等，就是「凶」，那麼，再般配的婚事也只能就此作罷。

清光緒年間的庚帖

見面禮與訂婚禮

見面禮與訂婚禮，都是在傳統婚姻過程中男方送給女方的禮物，但多少不同，輕重有異。

婚姻禮俗中的「見面禮」有兩層意思：一是指提親的時候，男方送給女方的禮物，相當於傳統「六禮」中的納采。古代納采是用一隻活雁，後來的見面禮則多用酒食、首飾之類。二是指成親後新娘拜見新郎家的長輩和親戚的時候，由長輩和親戚送給新娘的禮物，類似於現在的紅包。清末孫錦標的《通俗常言疏證》卷二就引用《金陵雜誌》中的資料說：「新人行家庭禮，俗謂之『分大小』，自尊卑以及親朋，皆受兩新人參拜。受者拜後各有所贈，謂之見面禮。」與訂婚禮和聘禮不同，婚姻禮俗中的見面禮只是一種禮節，因此一般不會太貴重。

清·慶寬《光緒大婚典禮全圖冊·納采禮筵宴圖（六）》。圖中為納采的禮品

　　訂婚禮是指男女雙方正式訂立婚約的時候，男方送給女方的禮物，相當於「六禮」中的「納吉」。按傳統婚姻禮俗，男方家「問名」合婚後，如果卜得吉兆，就要備禮向女方家報喜，正式確定雙方的婚事。正如鄭玄在註釋《儀禮》「納吉用雁」時所說：「歸卜於廟，得吉兆，復使使者往告，婚姻之事於是定。」這一習俗一直延續至今。訂婚禮一般比見面禮要貴重得多，大多是男方家的傳家寶之類。按常規，女方只要接受了男方家的訂婚禮，就表示同意了這門親事。需要說明的是，訂婚之後，男女雙方都還可以反悔。如果女方反悔了，只要把訂婚禮送回給男方即可；如果是男方反悔了，女方一般不會把訂婚禮還給男方。

聘禮

聘禮，即聘娶新娘之禮，古稱「納徵」，俗稱「過大禮」。這是傳統婚姻禮俗中最隆重、最熱鬧、最複雜的儀式之一。

有關聘禮即納徵儀式的最早記載見於《儀禮·士昏禮》：男女雙方在提親、合婚、訂婚後，就要舉行納徵儀式。古代的納徵，一般是男家將一束帛和兩張鹿皮作為財禮，送往女家。帛是古代對絲織品的通稱，兩丈為一端，兩端相向捲起來為一兩，五兩為一束。一束帛就是二十丈絲帛。納徵所用的絲帛包括玄、纁兩種顏色（玄是黑色，纁是淺絳色），其中玄色帛三兩，纁色帛二兩。這在古代對一般家庭來說是一筆不小的數目。因此，納徵又稱「納幣」，民間稱之為「過大禮」，在清代皇帝的婚禮中則稱為「大征禮」。納徵是古代婚禮中的關鍵環節，即便是「六禮」簡化成「三禮」，也少不了這一環節。

清‧慶寬《光緒大婚典禮全圖冊‧大征禮圖（六）》。圖中為納徵的禮品

當然，後世的過大禮就不再是一束帛和兩張鹿皮那麼簡單了。通常是按照雙方議定的條件，男家選擇良辰吉日，並請兩位或四位「全福之人」（兒女俱全、父母公婆俱在的女性親戚），和媒人一起，將聘金及大宗的聘禮正式送到女家。男家下聘禮叫「行聘」，女家接受聘禮叫「受聘」。又因為茶樹只能靠種子繁殖，一旦長成茶樹便不能移植，因此行聘又叫「下茶」，受聘也叫「受茶」，象徵女方一旦接受了聘禮，便不可悔改之意。聘禮所用之物一般都取雙數，寓意「好事成雙」。至於禮品的具體種類，則因時因地而異，一般用衣服首飾、喜餅壽桃、三牲海味、糖果乾果等，而不能用梨（與「離」諧音）、瓜（在一些方言中為死亡之意）等物品。

　　按照「禮尚往來」的傳統，女家接受聘禮後，還要回禮給男家。當然，女家的回禮相對簡單，其種類和數量約是男家禮品的一半或若干，但其中必須包括女家做的「龍鳳餅」、「狀元餅」之類的食品。

迎親

　　迎親，即將新娘接到新郎家成親。這是婚姻六禮中的最後一個環節，也是整個婚禮的高潮。古稱「親迎」，今稱「結婚典禮」。

　　作為婚禮中的高潮，迎親的風俗相當五彩繽紛。先從縱向來說，古今的迎親風俗可謂大相逕庭。古代的迎親可以用「靜悄悄」、「黑乎乎」兩個詞來形容。據《儀禮·士昏禮》記載：古代迎親的時間是在夜間，新郎頭戴暗紅色的爵弁，身穿下緣鑲有黑邊的纁裳（即「纁裳緇袘」），坐著墨車；隨從人員也都穿著黑色的玄端服，分乘兩輛墨車，打著火把，前往迎親。新娘頭上戴著假髮，身穿暗紅色鑲邊的淺黑色絲衣（即「純衣纁袖」）；傅姆（輔導、保育貴族子女的老年婦人）的髮髻上裝飾著黑色的緇纚和髮簪，身穿黑色生絲做的繒衣，站在待嫁女右邊；隨嫁者都穿著黑色的衣裳，站在新娘的身後。主人及參加婚禮的來賓也都穿著黑色的玄端服，在大門外迎接新

郎。總之，古代新郎、新娘及其他參加婚禮的嘉賓、隨從等，所穿戴的衣服、飾品顏色都是黑乎乎的，缺少鮮豔、喜慶的色彩。後世的迎親則大不相同，可以用「喜慶」、「熱鬧」來形容——時間改在了白天，婚禮服也變成了大紅色調。過去新娘穿紅襖羅裙，頭戴鳳冠，身披霞帔；新郎一般是青布長衫，身掛一朵大紅花。現在又不一樣了，新娘一般在典禮上穿婚紗，新郎則是西裝革履。

清·慶寬《光緒大婚典禮全圖冊·冊立奉迎圖（十三）》

再從橫向上來看，不同地區的迎親風俗雖然都講究喜慶、熱鬧，但也各不相同。不管是迎親的時間、迎親的交通工具、迎親的隊伍人員組成，還是新人的禮服、成親的具體環節，各地都有獨特的講究。比如迎親的時間和方

式，大部分地區都是白天迎親，並且新郎必須親自到女方家中迎娶新娘；但山東博山、臨朐等地是晚上迎親，在天亮之前就得把新娘迎娶過門，並且新郎不用親自到女方家迎娶，只在自己家門口等著新娘即可——這就是古代所說的「齊風不親迎」。再比如迎親的交通工具，大部分地區都是坐花轎，但江南水鄉是坐船，而山東的丘陵地區則是騎馬、騎驢或坐小推車。

其中，「齊風不親迎」的風俗較有文化淵源和地方特色。這個風俗出自後人對《詩經·齊風·著》的理解和註釋。〈著〉是一首描寫迎親的詩，以新娘的視角寫出了新郎在自家門口迎接新娘的場面。至於新郎有沒有親自到新娘家迎親，詩中並沒有明說。漢代毛亨為《詩經》作《傳》，首先將〈著〉解釋為一首諷刺當時齊國「不親迎」風俗的詩歌；後來鄭玄所作的《箋》中沿用了這一觀點：「時不親迎，故陳親迎之禮以刺之。」此後，「齊風不親迎」的說法便一直延續下來，並且變成了事實。過去，山東淄川、博山、臨朐等地（古代屬齊地），結婚的時候確實沒有迎親的儀式，男家只是安排車、馬、轎到女家接娶新娘，而新郎只在自家大門口將新娘迎入家門即可。

雖然迎親的風俗因時因地而千差萬別，但不管何時何地，喜慶、熱鬧都是迎親風俗的主旋律。

回門

回門指成婚後若干天內，女婿隨新娘攜禮品返回娘家，拜謁岳父、岳母及其他親屬的習俗。這一習俗含有女兒不忘父母養育之恩，女婿感謝岳父母，以及新婚夫婦恩愛和美等意義。古代交通不便，女子嫁到夫家後就很少有機會回娘家了，回門甚至可能是女子最後一次踏足娘家。正因為如此，古人十分重視回門這一婚禮習俗。回門時，舊俗規定新娘走在前面；返回男家時，則是新郎走在前面。因為回門是女兒出嫁後第一次回娘家，所以有的地方又稱「走頭趟」。當然，不同時期、不同地方其名稱不盡相同：宋代稱「拜門」；清代，北方稱「雙回門」，取成雙成對的吉祥意，南方則稱「會親」。到了現在，回門為婚事的最後一項儀式，一般在婚後第三天，又稱「三朝回門」。一般女家要設宴款待，女婿上座，由女方尊長陪飲。

新婚回門

由於各地的風俗習慣有所不同，回門時所帶禮品也不同。有的帶一隻公雞，取「吉祥如意」之意；有的帶肉、雞蛋、麵等物；常見的還有橘子、蘋果、香蕉、酒等。回門禮的數量必須是雙數，意為夫妻成雙，合好百年，單數則不吉利。另外，新婚夫妻回門一般要當日返回男家，因為舊時有新婚一個月內不空房的風俗。

成親儀式

障車與攔轎

障車，即新娘即將到新郎家的時候，新郎家的鄰里、朋友擁門塞巷，堵住新娘的車或轎，索要喜錢、禮物的婚姻習俗。此俗最早的文字記載見於唐代中葉封演的《封氏聞見記》「花燭」條：「近代婚嫁，有障車、下婿、卻扇及觀花燭之事……」雖然當時有人批評這一風俗，比如《新唐書·唐紹傳》中就說「昏（婚）家盛設障車，擁道為戲樂，邀貨捐賮動萬計，甚傷化紊禮，不可示天下」，但障車的風俗並沒有被禁絕，而是一直流傳於民間。

到了宋代，障車演變成了「攔門」。據孟元老《東京夢華錄》卷五「娶婦」條記載：「至迎娶日，兒家（即新郎家）以車子或花檐子（即花轎）發迎客引至女家門，女

家管待迎客，與之彩段，作樂催妝上車檐；從人未肯起，
炒咬利市（即喜錢），謂之『起檐子』。與了，然後行。
迎客先回至兒家門，從人及兒家人乞覓利市錢物花紅等，
謂之『欄門』。」

現在許多地方的婚禮上仍有障車習俗的傳承，比如
「攔轎（車）」、「攔轎討紅包」、「攔轎鬧婚」之類的習
俗。作為一種傳承千年以上的婚禮習俗，障車、攔轎自有
它的合理之處 —— 它不僅展現了婚姻的民俗情趣，也增
添了婚禮的喜慶氣氛。婚姻是人生大事，每個人都希望把
婚禮搞得隆重、熱鬧。但是如果攔轎者索取無度，或者主
人家過度鋪張，這類習俗就容易演變成一種陋俗，甚至會
影響婚禮的順利進行。

傳席與紅地毯

傳席，又稱「轉席」或「轉氈」，是指古代婚禮中新
娘入門時腳不沾地，必須踩著鋪在地上的草蓆進門的婚姻
習俗。其本義大概是用兩張草蓆倒換著鋪在地上，讓新娘
從席上走進家門的意思。也有用氈褥或青布條鋪在地上
的，故又稱「轉氈」。現代婚禮中一般用紅地毯。

傳席的風俗最晚在唐代已經出現。白居易《和春深
二十首》第十八首中有「青衣傳氈褥」的句子，說的就是

傳席的風俗。宋代龔頤正《芥隱筆記》「轉席」條也說:「今新婦轉席,唐人已爾。」北宋孟元老的《東京夢華錄》「娶婦」條中記載得較為詳細:「新人下車檐(轎子),踏青布條或氈席,不得踏地。一人捧鏡倒行,引新人跨鞍驀草及秤上過……」南宋吳自牧的《夢粱錄》「嫁娶」條中也說,

《東京夢華錄》相關記載

新娘下車後,「遂以二親信女使,左右扶侍而行,踏青錦褥或青氈花席上行,先跨馬鞍,驀背平秤過」。元代陶宗儀的《輟耕錄》「傳席」條、明代彭大翼的《山堂肆考》「轉氈」條,也都有相似的記載。

關於傳席風俗的寓意,一種說法是祝福新娘從此過上一種無憂無慮的日子,另一種說法是避免新娘把不祥之物帶進新郎家門。

卻扇與紅蓋頭

卻扇是古代婚禮中新娘入門時用扇遮臉的一種習俗。通常新娘入門時以扇遮面,夫妻交拜之後即拿掉扇子。

卻扇的習俗相傳來源於女媧兄妹結婚時,女媧「結草

為扇，以障其面」的傳說。最早
的文字記載見於北周庾信的《為
梁上黃侯世子與婦書》：「分杯帳
裡，卻扇床前。」唐代李冗的《獨
異志》中則記載了女媧兄妹結婚
的傳說。

新娘頭頂紅蓋頭

　　大約宋代以後，「以扇障面」
的習俗逐漸被紅蓋頭所取代。生活於兩宋之際的孟元老所
寫的《東京夢華錄》「娶婦」條中，對北宋時期的婚禮過
程做了很詳細的介紹，但文中並沒有出現紅蓋頭的相關記
載。而南宋末年吳自牧的《夢粱錄》「嫁娶」條中，已經
有了紅蓋頭：「（兩新人）並立堂前，遂請男家雙全女親，
以秤或用機杼挑蓋頭，方露花容。」

　　自此以後，新娘入門時頭頂紅蓋頭，成親之後由新郎
（或媒人，或新郎家子女雙全的女親戚）用秤桿挑去紅蓋
頭的風俗，便一直流傳於民間，成為傳統婚禮中極富情趣
的一個儀式。比如《紅樓夢》第九十七回寫寶玉結婚時，
就寫道：「寶玉見喜娘披著紅，扶著新人，蒙著蓋頭。」

　　需要指出的是，後世也常以「卻扇」代指完婚。比如
清代紀昀《閱微草堂筆記・槐西雜誌三》中出現的「甫卻
扇」、「卻扇之夕」等，都是完婚的意思。

撒谷豆

撒谷豆是古代婚禮中在新娘入門之前由陰陽先生拋撒谷豆的習俗。宋代孟元老的《東京夢華錄》「娶婦」條中就說：「新婦下車子，有陰陽人執斗，內盛谷豆、錢果、草節等，咒祝，望門而撒，小兒輩爭拾之，謂之『撒谷豆』，俗雲厭青羊等殺神也。」

一般認為撒谷豆習俗起源於漢代。相傳漢代京房的女兒要嫁給翼奉的兒子。翼奉選好迎親的日子後，京房卻認為日子不吉利，因為當天有青羊、烏雞、青牛三位煞神當門，如果衝犯了三位煞神，會損害尊長，並且婚後無子。翼奉則認為只要拋撒谷豆與草節，就可以除邪消災。宋代高承的《事物紀原・吉凶典制》「撒豆谷」條中詳細記載了這一傳說：「漢世京房之女適翼奉子，奉擇日迎之，房以其日不吉，以三煞在門故也。三煞者，謂青羊、烏雞、青牛之神也。凡是三者在門，新人不得入，犯之損尊長及無子。奉以謂不然。婦將至門，但以谷豆與草禳之，則三煞自避，新人可入也。自是以來，凡嫁娶者，皆置草於門閫內，下車則撒谷豆，既至，躞草於側而入。今以為故事也。」因此，後世婚禮上，往往在新娘下車的時候拋撒谷豆以除災邪，又在新婚之夜拋撒錢果等物以求福澤。

嫁橐　通典曰窒皇氏有嬭注云皇羃是也伏羲氏制嫁橐以儷皮爲禮帝王世紀曰包犧氏都陳制嫁橐之禮王子年拾遺記曰包犧始嫁橐以脩人道

撒豆穀　漢世京房之女適翼奉子奉時正月上日不得擇日迎之房以其日不吉以三煞在門故也三煞者謂青羊烏雞青牛之神也凡是三者在門新人不得入犯之損尊長及無子奉以穀豆與草禳之則三煞自避新人可入也自是以來凡嫁娶者皆置草於門閫內下車則撒穀豆既至撒草於御而入今以爲故事也

跨馬鞍　蘇氏演義曰唐歷云圖初以婚姻之禮當胡虜之法也謂坐女於馬鞍之側此胡人尚乘鞍馬之義也西陽雜記曰今士大夫家婚禮新婦乘馬鞍也令娶婦家新人入門跨馬鞍此蓋其始也

東牀　晉書王羲之傳曰羲之與王承王悅爲王氏三少都鑒使門生求女壻於王導令就東廂徧觀子弟門生歸謂鑒曰王氏諸少並佳然聞信至咸自矜持唯一人坦腹貪獨若不聞鑒曰此正佳壻也訪之

事物紀原　卷九　三三五

《事物紀原相關記載》

古代婚禮中撒穀豆、拋錢果以避邪求福的風俗，後世仍有傳承，只是拋撒之物不盡相同。現代婚禮上向新娘、新郎拋撒五彩紙屑或彩帶，除了表達對新人的祝福之外，也增添了婚禮的喜慶氣氛。

青廬

青廬本為古代北方少數民族舉行婚禮時所用的青布搭成的帳篷。大約魏晉之際，在青廬內成親的風氣傳入中原地區，遂在北方相沿成俗。

古代傳統的婚禮是在堂上或堂屋中舉行儀式的，故稱「拜堂成親」。北方地區引入青廬之後，通常在大門內或大門外用青布搭一青廬，用來行夫妻交拜之禮。唐代段成式的《酉陽雜俎》「禮異」條就說：「北朝婚禮，青布幔為屋，在門內外，謂之青廬，於此交拜。」宋代李昉等人編撰的《太平御覽》引《唐書》也說：「建中中，議公主出降之儀曰：『近代設氊帳，擇地而置，此乃北胡穹廬之制，不可以為佳。宜於堂室中置帳，以紫綾縵為之。』」

　　這種在青廬中成婚的風俗，在古代北方地區一度盛行。北朝民歌《古詩為焦仲卿妻作》（〈孔雀東南飛〉）中就有「其日牛馬嘶，新婦入青廬」之句，南朝宋劉義慶的《世說新語·假譎》中也有記載：「魏武（曹操）少時，嘗與袁紹好為遊俠。觀人新婚，因潛入主人園中，夜叫呼云：『有偷兒賊！』青廬中人皆出觀。」

　　在此後的文獻中，也時常可看到「青廬」一詞。不過，後世文獻中的「青廬」大多已成為「洞房」、「婚禮」的代名詞，而不一定真是用青布搭成的帳篷。比如清代蒲松齡《聊齋志異》的《辛十四娘》篇中的「雙鬟扶女坐青廬中」，《蓮香》篇中的「蓮香扶新婦入青廬」，《寄生》篇中的「二媼扶女，徑坐青廬」「以輿馬送五可至，因另設青帳（即青廬）於別室」等，都是指洞房；而《神女》

篇中的「明夜七月初九……吉期也，可備青廬」，則是指婚禮。

唐代壁畫中的婚禮，反映了當時在青廬中成婚的風俗

拜堂成親

拜堂是傳統婚禮中的一種儀式，指新郎、新娘參拜天地，新娘拜見公婆（古稱舅姑）和夫妻交拜，也就是現在人們常說的「一拜天地，二拜高堂，夫妻對拜」。拜堂之後，就表示新婚夫妻正式成婚了。

拜堂儀式大約出現於唐代，最早的記載見於唐代封演的《封氏聞見記》「花燭」條：「近代婚嫁，有障車、下婿、卻扇及觀花燭之事，及有卜地、安帳並拜堂之禮。上

自皇室，下至士庶，莫不皆然。……見舅姑於堂上，薦棗栗脯脩，無拜堂之儀。」宋代王溥的《唐會要》「嫁娶」條中對拜堂的細節有詳細解釋：「明日早，舅坐於堂東階上，西向。姑南向。婦執笲（竹器，玄表裡），盛以棗栗，升自西階，東面再拜，跪奠於舅席前。舅舉之。贊者徹以東。婦退，再拜，降於姑階下，受笲，盛以腶脩（從者執於階下），升進，北面再拜，跪奠於姑席前。姑舉之。贊者受以東。婦退，又再拜，降之。詣東面，拜婿之伯叔兄弟姊妹訖……」從這些資料中可以看出，所謂「拜堂」，也就是新娘在堂上拜見公婆，並奉獻「棗栗脯脩」等食物以示敬意（「堂上」一詞，後世也成為父母的代稱）。這一拜堂儀式在後世婚禮中一直傳承著。不過，在不同的歷史時期，拜堂的時間、地點不盡相同。

宋代孟元老的《東京夢華錄》「娶婦」條中說：「次日五更，用一卓（桌），盛鏡臺、鏡子於其上，望上展拜，謂之『新婦拜堂』。」這是說新娘在成親的第二天拜見公婆，行拜堂禮。清代趙翼的《陔余叢考》「拜堂」條說：「新婚之三日，婦見舅姑，俗名拜堂。」這是在成親後的第三天行拜堂禮。

新娘拜見公婆

現在，拜堂已經演變為新娘入門後，新婚夫妻在堂上交拜成親的儀式（其中也包括「拜高堂」），而「三日拜舅姑」則演變為成親後的第三天新娘「認親」的風俗。

坐帳與撒帳

坐帳與撒帳是長期流傳於民間的傳統婚禮中的兩個儀式，指夫妻對拜之後，女向左，男向右，並坐於床沿，由媒人或家中婦女對著床帳或新娘、新郎拋撒金錢和花果的儀式。

坐帳與撒帳的風俗最晚起源於漢代。據《土風錄》卷二所引《漢武帝內傳》記載：李夫人剛進宮時，漢武帝將她接入帳中，共坐床上，宮女遠遠地朝他們拋撒五色同心花果，漢武帝和李夫人用衣襟兜接花果，據說接到的花果多，生得孩子就多。可見拋撒五色同心花果的寓意，一

是祝福新婚夫妻同心同德、生活幸福，二是祝願新婚夫妻早生貴子、多子多福。從此以後，坐帳和撒帳這兩個既包含新婚祝福，又增添喜慶氣氛的風俗就一直傳承下來。

撒帳錢

　　大約從唐代中葉開始，撒帳時除了拋撒五色花果之外，又新增了撒帳錢。據清代康熙皇帝御定的《佩文齋書畫譜》記載：唐中宗景龍年間，中宗皇帝為孫女荊山公主舉辦婚禮時，特意命人鑄造了這種狀如五瓣梅花、中間有孔的銅錢，專用以撒帳。明代胡我琨的《錢通》中就附有撒帳錢的圖形，並具體解釋了撒帳錢的形制：「舊譜曰：徑寸，重六銖，肉（指銅錢的邊和孔）好、背面皆有周郭，其形五出，穿亦隨之。文曰『長命守富貴』。背面皆為五出文，若角錢狀。」此後撒帳錢一直用於民間婚禮中。

　　撒帳的環節，除了祝願新婚夫妻富貴吉祥之外，更增添了婚禮的喜慶氣氛。清代乾隆年間重修的《武康縣誌》卷五「風俗」條就記載：「昏時結燭，新人有喜娘挽扶（俗謂「伴婆」），又有掌禮率眾樂人引導至房中，撒擲諸果，兒童、婦女爭拾取為笑樂。」

　　宋代婚禮中坐帳、撒帳的風俗也極為流行。當時稱

坐帳為「坐虛帳」或「坐富貴」。孟元老《東京夢華錄》「娶婦」條就說：「（新娘）入門，於一室內當中懸帳，謂之『坐虛帳』。或只徑入房中，坐於床上，亦謂之『坐富貴』。」南宋吳自牧的《夢粱錄》「嫁娶」條中也說：「（新娘）入中門，至一室中少歇，當中懸帳，謂之『坐虛帳』；或徑迎入房室內，坐於床上，謂之『坐床富貴』。」

宋代撒帳儀式中還增加了唱「撒帳歌」的內容，其目的是明確地唱出撒帳儀式祝福的寓意。南宋史浩的《鄮峰真隱漫錄》及宋元話本《快嘴李翠蓮記》中都有撒帳歌，後者如下：

撒帳東，簾幕深圍燭影紅，佳氣鬱蔥長不散，畫堂日日是春風。

撒帳西，錦帶流蘇四角垂，揭開便見姮娥面，輸卻仙郎捉帶枝。

撒帳南，好合情懷樂且耽，涼月好風庭戶爽，雙雙繡帶佩宜男。

撒帳北，津津一點眉間色，芙蓉帳暖度春宵，月娥苦邀蟾宮客。

撒帳上，交頸鴛鴦成兩兩，從今好夢葉維熊，行見蠙珠來入掌。

撒帳中，一雙月裡玉芙蓉，恍若今宵遇神女，紅雲簇擁下巫峰。

撒帳下，見說黃金光照社，今宵吉夢便相隨，來歲生男定聲價。

撒帳前，沉沉非霧亦非煙，香裡金虯相隱映，文簫今遇彩鸞仙。

撒帳後，夫婦和諧長保守，從來夫唱婦相隨，莫作河東獅子吼。

時至今日，夫妻坐帳的儀式變成了新媳婦坐床的風俗，撒帳所用的金錢、花果也變成了糖果和花生、栗子、棗等乾果，但其中所蘊含的對新人的祝福是始終不變的。

夫妻對席禮

夫妻對席禮是傳統婚禮中的一個重要儀式，指夫妻對拜之後，新娘新郎進入洞房，對席而坐、同食共飲的風俗。這一儀式象徵著新娘、新郎從此結為一體，彼此相愛，不分你我。

夫妻對席禮可謂由來已久。《儀禮・士昏禮》中記載：「婦至，主人揖婦以入……夫入於室，即席。婦尊西，南面……贊告具，揖婦即對筵，皆坐……三飯卒食。贊洗爵，酌酳主人……再酳如初，無從；三酳用巹，亦如

之……主人出，婦復位，乃徹於房中，如設於室。」文中的「主人」「夫」，即新郎；「贊」相當於現在的司儀。這段記載大意是說：新郎請新娘入室以後，先入席坐在東邊的主人座位上。新娘則面朝南坐在西邊客人的座位上。等一切都安排好後，新郎向新娘行禮，新娘轉過臉來，與新郎對面而坐，然後吃三口飯，飲三杯酒，其中最後一杯酒要用卺來喝。儀式結束以後，新郎離開新房，新娘重新面南而坐。

《儀禮‧士昏禮》相關記載

有人認為，傳統的夫妻對席禮，夫坐東邊，妻坐西邊，這表示夫尊妻卑。其實並非如此。新郎坐東邊，是主人位，也就是俗稱的「東家」；新娘坐西邊，是客人位（賓位）。而傳統的宴席坐次，主賓位是宴席上最尊貴的

位置。夫妻對席禮中的男女座次，恰好表明了對女性的尊重，而不是「夫尊妻卑」或「重男輕女」。

合卺與交杯酒

合卺本為傳統夫妻對席禮中的一個環節，是將一個葫蘆剖為兩個瓢，新娘新郎各執一瓢，斟酒同飲的儀式。它象徵夫妻結合，相親相愛。後世則多以「合卺」代指成婚。

合卺葫蘆

合卺禮的記載最早見於《禮記·昏義》：「婦至，壻（婿）揖婦以入，共牢而食，合卺而酳，所以合體，同尊卑以親之也。」唐代孔穎達疏解曰：「卺，謂半瓢，以一瓠分為兩瓢，謂之卺。壻之與婦各執一片以酳，故雲『合卺而酳』。」酳本是食畢以酒漱口的意思，引申為飲酒。這段話大意是說：新娘到了以後，新郎把新娘請進新房，

兩人在一個屋裡進食，把一個葫蘆剖為兩個瓢，兩人各拿一個瓢飲酒，表示兩人從此合為一體，不分尊卑，相親相愛。從此以後，合巹禮便成為歷代婚禮中的重要儀式。

到了宋代，婚禮中的合巹禮演變成了交杯酒。所謂交杯酒，即婚禮上把兩個酒杯用紅絲線繫在一起，讓新娘、新郎交換著喝酒杯裡的酒。《東京夢華錄》「娶婦」條中就記載，撒帳、合髻之後，「用兩盞以彩結連之，（夫妻）互飲一盞，謂之『交杯酒』」。《夢粱錄》「嫁娶」條中也說，將兩個酒杯「以紅綠同心結綰盞底，行交巹禮畢，以盞一仰一覆安於床下，取大吉利意」。王得臣《塵史》「風俗」條中則解釋了從「合巹」到「交杯」的演變：「古者婚禮合巹，今也以雙杯彩絲連足，夫婦傳飲，謂之交杯。」至於喝交杯酒的寓意，自然也是象徵夫妻結合，連為一體。

由於唐代以前的合巹禮和宋代以後的交杯酒其實是一樣的事，所以，後世文獻中經常「合巹交杯」並提。比如清代李漁的戲曲《意中緣·沉奸》中就說：「且暫捱，須交杯合巹，漸漸和諧。」

現在的婚禮上已經沒有了合巹禮，即使名稱叫「合巹禮」，實際上仍然是喝交杯酒。

洞房

洞房的本義是指幽深的內室，多指神仙或道士、僧人的居處。最早的文字記載見於《楚辭・招魂》：「姱容修態，絚洞房些。」這裡是指神仙居住的地方。唐代王維〈宿道一上方院〉詩中所說「洞房隱深竹，清夜聞遙泉」，則是指寺院。

後世多以「洞房」指裝飾華麗的臥室或閨房。比如西晉陸機〈君子有所思行〉中的「甲第崇高闥，洞房結阿閣」、北周庾信〈和詠舞〉中的「洞房花燭明，燕余雙舞輕」，都是指高級住宅；漢代司馬相如〈長門賦〉中的「懸明月以自照兮，徂清夜於洞房」、明代高啟〈謝友人惠兜羅被歌〉中的「越羅蜀錦安可常，洞房美女謾熏香」，則是指女子的閨房。

而在日常應用中，「洞房」往往特指新婚夫婦的臥室，俗稱「新房」。比如唐代朱慶余〈近試上張水部〉詩中的「洞房昨夜停紅燭，待曉堂前拜舅姑」，宋代流行的〈得意詩〉中的「洞房花燭夜，金榜掛名時」，元末明初羅貫中《三國演義》第五十四回目「吳國太佛寺看新郎，劉皇叔洞房續佳偶」，這裡的「洞房」都是指新房。再如明代馮夢龍的《喻世明言・金玉奴棒打薄情郎》中寫莫稽

與金玉奴成親的場景：「新人用紅帕覆首，兩個養娘扶將出來。掌禮人在檻外喝禮，雙雙拜了天地，又拜了丈人、丈母，然後交拜禮畢，送歸洞房，做花燭筵席。」現在人們常說的「夫妻對拜，送入洞房」，也是指新房。

《三國演義》「劉皇叔洞房續佳偶」

作為新娘、新郎的臥室，洞房在裝飾、布置上自然要講究喜慶，不僅要披紅掛綠，而且要張燈結綵。唐代在堂、室之內置掛流蘇帳，宋代又有了「以彩帛一段橫掛於（門）楣上，碎裂其下」的「門紅」，後來逐漸又增加了喜幛、剪紙、彩帶、鮮花等裝飾。總之，洞房要給人一種熱熱鬧鬧的感覺。

觀花燭

觀花燭實際上就是傳統婚禮中的賀婚習俗，民間往往直接稱為「看新娘」、「赴喜宴」。花燭即彩色的蠟燭，特指新婚時用於新房中、飾有龍鳳圖案的彩燭。人們常用「花燭」或「洞房花燭」代指結婚，用「花燭夜」代指新

花燭

婚之夜，用「觀花燭」代指看新娘、赴喜宴、吃喜酒。

　　早期的婚禮只強調莊重肅穆，不講究喜慶熱鬧。先秦時期，不僅迎親的時間是在黑漆漆的晚上，而且迎親都是用墨車、黑馬，迎親的隊伍（包括新娘、新郎）也一律穿黑衣。這種風俗主要來自「嫁娶三日不舉樂」和「娶者羞而不賀」的傳統。《禮記‧曾子問》中就說：「嫁女之家，三夜不息燭，思相離也；取婦之家，三日不舉樂，思嗣親也。」大約從漢代開始，才有了賀婚的習俗。據《漢書‧宣帝紀》記載，五鳳二年宣帝詔曰：「夫婚姻之禮，人倫之大者也。酒食之會，所以行禮樂也。今郡國二千石或擅為苛禁，禁民嫁娶不得具酒食相賀召。由是廢鄉黨之禮，令民亡所樂，非所以導民也。」漢宣帝下詔書的目的，就在於提倡百姓在婚禮上設酒宴慶賀。

　　而婚禮中以花燭為裝飾的風俗，大約起源於南北朝時期。南朝梁簡文帝〈詠人棄妾〉詩中就有「昔時嬌玉步，含羞花燭邊」之句，同時代的何遜〈看伏郎新婚〉詩中也有「何如花燭夜，輕扇掩紅妝」的句子。此後，這一風俗一直流傳於民間，唐宋時期尤為盛行。唐代封演的《封氏聞見記》「花燭」條中就記載：「近代婚嫁，有障車、下婿、卻扇及觀花燭之事……上自皇室，下至士庶，莫不皆然。」封演生活於唐玄宗至唐德宗時期，說明唐代中葉觀花燭的風俗已在上層社會和民間廣泛流行。

　　到了宋代，王欽若等人編撰的《冊府元龜》中對「觀花燭」做了具體解釋：「故事，朝廷三品以上清望官，定名赴婚會，謂之觀花燭。」宋初文學家、書法家徐鉉曾寫過〈陳侍郎宅觀花燭詩〉，楊億也有〈僕射李相公宅觀花燭〉詩。這些資料中說的都是上層社會的婚俗，而在民間，觀花燭、看新娘的風俗同樣流行，並且內容有了新的變化。《夢粱錄》「嫁娶」條中就說，新娘下車後，有數人「執蓮炬、花燭，導前迎引」。可見，當時花燭不僅是新房裡的裝飾，而且成了新娘入門時的儀仗。

　　需要指出的是，在後世文獻中，雖然「花燭」一詞仍在沿用，比如《聊齋志異》中就多次出現「諧花燭」、「行花燭」等，但「觀花燭」一詞已不多見。

鬧房

鬧房是傳統婚禮的高潮節目，又稱「鬧新房」、「鬧
洞房」或「鬧婚」等，古稱「戲婦」或「謔親」。它是指
夫妻對拜、送入洞房、合卺交杯之後，新郎一方的親朋好
友在洞房內嬉戲逗樂、故意歡鬧的風俗。清代俞蛟的《夢
廠雜著·鄉曲枝辭下》中就說：「世俗娶妻，花燭之夕，親
朋畢聚於新婦室中，歡呼坐臥，至更闌燭跋，甚者達旦不
休，名曰『鬧房』。」

年畫〈鬧新房〉

鬧房的風俗出現得較晚。大約從漢末開始，民間婚禮
上出現了「戲婦」的風俗，可看作是後世鬧洞房風俗的濫
觴。據漢代仲長統《昌言》記載：「今嫁娶之會，捶杖以
督之戲謔，酒醴以趣情慾，宣淫佚於廣眾之中，顯陰私於

族親之間，汙風詭俗，生淫長奸，莫此之甚，不可不斷者也。」東晉葛洪的《抱樸子·外篇》中也記載：「俗間有戲婦之法，於稠眾之中，親屬之前，問以醜言，責以慢對，其為鄙黷，不可忍論。或蹙以楚撻，或繫腳倒懸，酒客酗醟，不知限齊，至使有傷於流血、踒折支體者，可嘆者也！古人感離別而不滅燭，悲代親而不舉樂，禮論娶者羞而不賀。……何謂同其波流，長此弊俗哉？然民間行之日久，莫覺其非，或清談所不能禁，非峻刑不能止也。」從這些資料可以看出，漢魏之際已經有了鬧婚的風俗，並且鬧得很厲害。當時許多人都認為這是一種陋俗，強烈要求將其禁止。

然而，鬧房的風俗並沒有被禁絕，反而一直流傳於民間。明清時期的許多資料中仍有關於鬧房習俗的記載。比如明代楊慎的《譚苑醍醐》卷七「戲婦」條中就說：「今此俗世尚多有之。娶婦之家，新婚避匿，群男子競作戲調以弄新婦，謂之『謔親』。或搴裳而針其膚，或脫履而規（窺）其足。以廟見之婦同於倚市門之倡，誠所謂敝俗也。然以《抱樸子》考之，則晉世已然矣。歷千餘年而不能變，可怪哉！」清代吳榮光的《吾學錄初編·昏禮門》中也說：「世俗有所謂鬧新房者，閨闥之間，婦女所聚，乃群飲喧呼，恣為諧謔。」

雖然這些資料中都認為鬧房是一種陋俗、惡俗，但是由於民間認為鬧房可以驅鬼避邪，能夠保證新婚夫婦幸福平安，所以這一風俗一直沒有中斷。

　　現在一些地方的婚禮中仍有鬧房的習俗。時移世變，隨著社會文明的進步和人們生活水準的提高，鬧房的風俗也與時俱進，變得越來越文明，成為現代婚禮中的高潮節目。雖然民間有新婚期間「三日不分大小」的說法，但參與鬧房的人通常是新郎的晚輩或平輩中年齡比新郎小的人。鬧房的內容（新娘、新郎共咬蘋果之類）雖因時因地而異，但都是為了增加婚禮的熱鬧、喜慶氣氛。

　　鬧房的本意，是祝福新婚夫婦平安、幸福，並增添婚禮的喜慶氛圍。但如果過度嬉鬧，往往會適得其反，甚至造成意想不到的悲劇。現代婚禮應以文明、節儉為原則，切不可使原本具有美好寓意的婚俗淪為一種陋俗。

聽房

　　聽房是傳統婚禮中的風俗之一，指新婚之夜親友偷聽新娘、新郎的情話，俗稱「聽牆根」或「聽窗戶根」。

　　有人考證，聽房的習俗大約始於漢代。《後漢書·袁隗妻傳》中就記載了袁隗與妻子馬倫進入洞房後所說的一段悄悄話：

及初成禮，隗問之曰：「婦奉箕帚而已，何乃過珍麗乎？」對曰：「慈親垂愛，不敢逆命。君若欲慕鮑宣、梁鴻之高者，妾亦請從少君、孟光之事矣。」隗又曰：「弟先兄舉，世以為笑。今處姊未適，先行可乎？」對曰：「妾姊高行殊邈，未遭良匹，不似鄙薄，苟然而已。」又問曰：「南郡君學窮道奧，文為辭宗，而所在之職，輒以貨財為損，何邪？」對曰：「孔子大聖，不免武叔之毀；子路至賢，猶有伯寮之訴。家君獲此，固其宜耳。」隗默然不能屈。帳外聽者為慚。

此例可證，最晚在東漢時期就已經有了聽房的習俗。此後，這一習俗便一直流傳於民間。

一般認為，聽房與鬧房一樣，是為了驅鬼闢邪。民間流傳「人不鬧鬼鬧，人不聽鬼聽」的說法，而古人認為人為陽，鬼為陰，鬧房、聽房的人多了，自然陽氣盛、陰氣衰，妖魔鬼怪就不能作祟，新婚夫妻也就平安了。清代黃軒祖《游梁瑣記·易內奇案》說：「涉俗，凡合巹初夜，以聽房占喜兆，迷信不拔。」這是說有些地方的風俗是把偷聽新娘、新郎的悄悄話當作喜兆。

近代以後，聽房的習俗更為流行，但已漸漸脫離了驅鬼闢邪或占喜兆的傳統寓意，變成了僅僅增添婚禮熱鬧氣氛的儀式或展現主人家人緣好壞的象徵，有的甚至淪為聽人隱私以資笑談的陋俗。

▎婚姻觀念

父母之命，媒妁之言

「父母之命，媒妁之言」是中國古代男女締結婚姻的一道固定程式。語出《孟子‧滕文公下》：「不待父母之命，媒妁之言，鑽穴隙相窺，逾牆相從，則父母國人皆賤之。」大意是說，男女不徵得父母的同意，沒透過媒人的說合，而私訂終身，就會被人瞧不起。

說媒

有人把「父母之命，媒妁之言」式的婚姻等同於包辦婚姻，就是不尊重當事人的意願，完全由父母和媒妁來決定的婚姻。其實並非如此。

歷史不能重演，所以我們只能透過歷代史書文獻、文學作品等資料來了解歷史。在各種正史、野史中，在《詩

經》、漢魏六朝樂府等詩歌中，在表現愛情題材的戲劇中，在「三言二拍」、《聊齋志異》等小說中，我們都可以找到自由婚戀的相關資料。史書是歷史的再現，文學是生活的反映，從歷代文史資料中可以看出，歷史上雖然存在包辦婚姻，但那些婚姻大多帶有明顯的政治目的或功利色彩，並不能代表古代婚姻的全貌。

而且，在古代特殊的社會背景下，「父母之命，媒妁之言」有其存在的合理性。古代女性結婚前接觸社會的機會不多，沒有媒妁的牽線和父母的操辦，要獨立完成終身大事，是很困難的。父母有豐富的人生閱歷和社會經驗，並且大都希望自己的子女能有幸福美滿的姻緣，所以「父母之命」在古代的一些婚姻中具有決定性的作用，也在情理之中。即使是男女雙方自由戀愛，結婚之前也必須經過父母的把關並徵得父母的同意，其目的是取得家人的認可，保證婚後家庭的和諧。而媒人是男女雙方家庭溝通、協調婚姻問題的關鍵人物；在自由戀愛中，媒人也可以避免男女雙方當面提親時可能遇到的尷尬。同時，父母（長輩）和媒人還是男女婚姻中不可缺少的公證人和見證人，不管是婚前還是婚後，一旦婚姻出現問題，也不至於沒有人出來說句公道話。

所以說，古代的「父母之命，媒妁之言」與包辦婚姻

並不是同一個概念，即使是自由婚姻，也要奉父母之命，經媒妁之言，才可以圓滿。

門當戶對

「門當戶對」是一種傳統的婚姻觀念，指男女雙方家庭的文化觀念、社會地位和經濟狀況相當，適合結親。

「門戶」一詞雖然經常用來代指門第、家庭，似乎屬於社會文化的範疇，但其本源出自居住文化。門是指向外的大門，即朝向大街的雙扇門；戶是指向內的小門，即朝向院內的單扇門。有的乾脆解釋為：雙扇為門，單扇為戶。總之，門、戶都是供人開關、出入的建築物附件。還有人說，「門當」和「戶對」本來就是傳統居住物的兩個重要構件：門當是指大門前左右兩側對稱設置的一對圓形或方形石鼓，據說是用以避鬼驅祟；戶對是指門楣上成對出現的圓柱形或六棱柱形雕飾，象徵吉祥如意。在古代，「門當」的大小、「戶對」的多少，以及二者的形狀、圖案，可以反映主人家的身分、地位，所以「門當戶對」逐漸演變成為婚姻觀念中衡量男女婚嫁條件的一個成語。

大門兩側石鼓叫「門當」，門楣上兩對六棱柱是「戶對」

　　作為一種婚姻觀念，門當戶對的說法由來已久。魏晉南北朝是歷史上門第觀念極為強烈的時期，士族和庶族之間不能通婚已成為當時人們的共識，並被嚴格遵守。最晚到唐代，男女婚姻中的門當戶對意識已經深入人心。《敦煌變文集·不知名變文》中就說：「彼此赤身相奉侍，門當戶對恰相當。」從此以後，這一觀念歷代相傳。

　　然而，伴隨著婚戀自由觀念的流行，人們開始反對門當戶對的觀念，認為這是一種束縛男女青年自由戀愛的封建思想。後來，人們開始辯證地看待這個問題——古人

說的「門當戶對」有其合理性。因為一個家庭的社會地位、經濟條件、生活方式和家風，對家庭成員的思想觀念、生活習慣、生活環境具有重大的影響。兩個家庭如果門當戶對，男女雙方的生活方式、思想觀念可能會更接近，這樣在成婚以後的生活中會有更多的共同語言，也會讓婚姻保持持久的生命力。當然，我們也必須了解，家庭條件絕非婚姻中的決定條件，家境懸殊而婚姻幸福的例子不在少數，固守門當戶對的世俗觀念會拆散美好的姻緣。

夫妻胖合

「夫妻胖合」是出自《儀禮・喪服》「世父母，叔父母」傳中的一句話：「父子一體也，夫妻一體也，昆弟一體也。故父子，首足也；夫妻，胖合也；昆弟，四體也。」胖，是一物中分為二的意思。胖合，是合兩半而成一體的意思，多指夫妻的婚配。唐代賈公彥疏解說：「夫婦胖合，子胤生焉，是半合為一體也。」意思是說：夫妻相配，就繁育了子女，所以說夫妻是兩個一半合成一體。這句話實際上指出了夫妻地位平等的傳統婚姻觀念。

《儀禮》是一部禮制彙編，主要記載了周代的冠、婚、喪、祭、鄉射、朝聘等各種禮儀制度和行為規範，相傳是孔子及其後學根據周公所制禮樂整理編輯而成，共有

一百多卷。傳至漢代只剩下十七篇,稱為《禮經》,今傳本即為漢末鄭玄依劉向編排本所作的註釋本。晉代始稱《儀禮》。此後歷代學者對《儀禮》做過大量的解釋和補充,遂使其成為古代禮制的典範巨著。其中〈喪服〉篇中的「五服制」,不僅講了五種喪服的式樣,更表明了人與人之間關係的遠近和地位的尊卑。該篇中除了「夫妻一體」、「夫妻胖合」等具體字眼外,還有多種喪服是「夫妻同之」,這都說明當時夫與妻在家族中的身分地位是相同的。

古代歷史文獻、文學作品中保存有大量夫妻相敬相愛的故事,即便是《儀禮》中也有提倡夫妻平等的規範。夫與妻,正像「人」字中的一撇與一捺,少了哪一筆都不行。夫妻原本就應該是平起平坐,沒有高低貴賤的區別。「夫妻胖合」就是對「男尊女卑」觀點的明確否定。

妻者齊也

「妻者齊也」是漢代對夫妻地位的總體界定和說明,最早的記載大約見於班固的《白虎通義》:「妻者,齊也,與夫齊體。自天子下至庶人,其義一也。」這句話的意思是說:「妻」就是平齊的意思,所以妻子與丈夫結合之後猶如一體,不分高下。這個道理,上至天子,下至百姓,都是一樣的。

《白虎通義》是東漢白虎觀經學會議的資料彙編。東漢漢章帝建初四年（79 年），朝廷在洛陽白虎觀召開了一次規模盛大的經學討論會議，召集各地精通經學的著名學者，陳述對經學的見解，講議五經異同，意圖彌合今、古文經學的異同。會議由漢章帝親自主持，並最終裁決學者對經學的奏議。會議的成果後來由班固編纂成《白虎通義》一書，簡稱《白虎通》。《白虎通義》不僅是當時官方解讀經學的「標準答案」，也是當時上至天子，下至儒生之學術共識，完整地保存了漢代經學的原始面貌。書中提到的「妻者齊也」，即夫妻平等的觀念，自然也是當時人們普遍認可的價值觀念。同時期的許慎在《說文解字》中對「妻」字也有類似的解釋：「妻，婦與夫齊者也。」清代乾隆年間的《欽定儀禮義疏・喪服第十一》中，在解釋「妻為夫」所穿喪服時，引用了唐代賈公彥的解釋：「妻者齊也，言與夫齊也。上從天子之後，下至庶人之妻，皆為夫斬衰。」這至少說明，「妻者齊也」的觀念，在清代仍得到官方的認可。再如明末清初小說《好逑傳》第三回，香姑對過公子說：「你既娶我來，我就是與你敵體的夫妻了。」「敵體」又作「體敵」，意思就是彼此地位相等，無上下尊卑之分。這也是當時夫妻平等觀念的證明。

三從四德

「三從」之說，最早見於《儀禮・喪服》中相傳為子夏所寫的傳：「婦人有三從之義，無專用之道，故未嫁從父，既嫁從夫，夫死從子。」後世一般將「從」字解釋為聽從、順從之意，認為「三從」意思就是在家聽父親的、出嫁以後聽丈夫的、丈夫去世後聽兒子的，並認為「三從」是封建禮教強加給婦女的枷鎖。其實長期以來人們誤解了「從」字的含義。傳統文化強調的是「百善孝為先」，且不說「未嫁從父，既嫁從夫」，單說「夫死從子」，古代幾乎沒有兒子敢讓母親聽從或順從自己的。在古代廣為流傳的「二十四孝」故事中，有好幾位對子女不太好的父母，而做子女的仍然盡心盡力、無怨無悔地孝順父母，所以才成為歷代孝順的典型。古人既然如此重視孝道，又怎會有「母親順從兒子」的觀念呢？只從這一點就可以看出，「三從」之「從」並不是聽從、順從的意思；這裡應是取「從」之本義，即隨行、跟隨的意思。「未嫁從父，既嫁從夫，夫死從子」其實是說「跟誰住在一起」的問題：女孩子沒出嫁的時候跟父母住在一起，出嫁以後跟丈夫住在一起，丈夫去世後跟兒子住在一起。可見，古人最初提出「三從」並不是為了束縛和限制女性。

「四德」之說最早見於《周禮・天官塚宰・九嬪》：

宮中設置九嬪這一官職，主要掌管「婦學之法」，教女御（女官名）「婦德、婦言、婦容、婦功」四項基本內容。其中「婦德、婦言、婦容、婦功」就是後世所說的「四德」。漢代的鄭玄進一步解釋了「四德」的含義：婦德是指「貞順」，這是就性情氣質而言；婦言是指「辭令」，這是就言談舉止而言；婦容是指「婉娩」，這是就儀容姿態而言；婦功是指「絲枲」，類似於針織女紅，這是就才藝技能而言。可以看出，「四德」最初是對宮中女官內在修養、技能與外在儀容、體態的要求，而非束縛和限制女性的言論。

「五不取」「七出」與「三不去」

「五不取」、「七出」與「三不去」是古代有關男女婚姻的規範。其中，「五不取」是古代對五種情況下的女子不能聘娶的規定；「七出」是丈夫或夫家休棄妻子、解除婚姻的七種理由，也叫「七去」；「三不去」則是丈夫不能休妻的三個條件，它是對「七出」的補充規定，在一定程度上可以保護妻子的權利，維繫婚姻關係。

相傳西周時期就有了「七出」、「三不去」的規定。西漢末年的《大戴禮記·本命第八十》中，明確提出了「女有五不取」、「婦有七去」、「婦有三不去」的細則：

「逆家子不取，亂家子不取，世有刑人不取，世有惡疾不取，喪婦長子不取。」「不順父母，去；無子，去；淫，去；妒，去；有惡疾，去；多言，去；竊盜，去。」「有所取，無所歸，不去；與更三年喪，不去；前貧賤，後富貴，不去。」「五不取」是說家中有忤逆者的女子不娶，家中有淫亂者的女子不娶，家族上輩有犯人的女子不娶，上輩有傳染病的女子不娶，喪妻者的長女不娶。「七出」是說妻子有不孝順父母、不能生子、淫亂、嫉妒、有傳染病、多言多語、盜竊等七種情況之一的，丈夫可以將其休棄。「三不去」則是說妻子無娘家可歸的、與丈夫共守父母三年之喪的、丈夫原來貧賤後來富貴的，這三種情況是不應該休妻的。

這三大項、十五小項對婚姻關係的規範，被後世一直傳承下來。到了唐代，「七出」與「三不去」正式列入法典。《唐律疏議》云：「七出者，依令：一無子，二淫泆，三不事舅姑，四口舌，五盜竊，六妒忌，七惡疾。」「三不去者，謂一經持舅姑之喪，二娶時賤後貴，三有所取無所歸。」從此，「七出」與「三不去」成為正式的婚姻法規。

188　諸卑幼在外，尊長後爲定婚，而卑幼自娶妻，已成者，婚如法，未成者，從尊長，違者，杖一百。

【疏】議曰：「卑幼，謂子、孫、弟、姪等。在外，謂公私行宦之處。因自娶妻，其尊長後爲定婚，若卑幼所娶妻已成者，婚如法，未成者，從尊長所定。違者，杖一百。尊長，謂祖父母、父母及伯叔父母、姑、兄姊。」

189　諸妻無七出及義絕之狀，而出之者，徒一年半。雖犯七出，有三不去，而出之者，杖一百。追還合。若犯惡疾及姦者，不用此律。

【疏】議曰：七出者，依令：「一無子，二淫泆，三不事舅姑，四口舌，五盜竊，六妬忌，七惡疾。」義絕，謂毆妻之祖父母、父母及殺妻外祖父母、伯叔父母、兄弟、姑、姊妹，若夫妻祖父母、外祖父母、伯叔父母、兄弟、姑、姊妹自相殺及妻毆詈夫之祖父母、父母、殺傷夫外祖父母、伯叔父母、兄弟、姑、姊妹及與夫之緦麻以上親，若妻母姦及欲害夫者，雖會赦，皆爲義絕。妻雖未入門，亦從此令。若無此七出及義絕之狀，輒

故唐律疏議卷第十四

二六七

唐律疏议（中华书局1983版）

《唐律疏議》相關記載

　　「五不取」、「七出」與「三不去」中的一些規範與當代文明社會的精神相悖，但它在古代對於維護婚姻、家庭的穩定，有著不容忽視的作用。

夫為妻綱

　　「三綱五常」是封建時代所提倡的主要道德規範。其中「三綱」即君為臣綱、父為子綱、夫為妻綱，最早出自

漢代班固的《白虎通義》:「三綱者,何謂也?君臣、父子、夫婦也。」這是古代社會用以調節人倫的基本綱領。

「三綱」中的「夫為妻綱」是一種傳統的婚姻觀念。「綱」的本義是提網的總繩,引申為綱維、法度等義,再引申為約束、治理等義。「三綱」中的君臣、夫妻、父子,應理解為一種雙向互動關係,前者首先要為後者樹立一種典範或做出一種表率,然後才能對後者實施一定的約束。夫妻之間,如果丈夫不能身為表率、行為示範,那麼「夫為妻綱」就無從談起了。了解到這一點,我們就可以理解,「夫為妻綱」並不是單向的對妻的約束,而是對夫妻雙方的共同規範,是古代調節夫妻關係的基本綱領。

「從一而終」與「貞女不事二夫」

「從一而終」與「貞女不事二夫」是一種傳統的婚姻觀念,意思是女子一旦嫁人,就要與丈夫過一輩子,而不能半路改嫁其他男人。

「從一而終」出自《周易‧恆卦》:「婦人貞吉,從一而終也。」而「貞女不事二夫」一語則最早見於《史記‧田單列傳》中「忠臣不事二君,貞女不更二夫」之語,後來也說成「一女不事二夫」、「好女不嫁二夫」等,所表達的意思都是一樣的。類似的說法還有東漢班昭《女誡‧

專心第五》中所說的「婦無二適之文」。

　　雖然古代流行「從一而終」與「貞女不事二夫」的婚姻觀念，但事實上，古代女子改嫁的情況非常普遍。就以「程朱理學」最盛行的宋朝為例：北宋政治家、文學家范仲淹兩歲的時候就跟著母親改嫁到山東長山朱家，並改名朱說；著名女詞人李清照與丈夫趙明誠婚後感情很好，但丈夫死後，也曾改嫁張汝舟；南宋唐琬與陸游離婚後，又改嫁同郡士人趙士程；理學大師朱熹曾親自操持外甥女改嫁之事，並同意侄女改嫁……這些例子都說明，「從一而終」、「貞女不事二夫」之類的說法只是一種提倡，而並非強制性的規定。更何況，不論是古代還是現代，都有許多從一而終、忠貞不渝的愛情故事，一直感動著我們。

第四章　喪葬禮

▎喪禮釋義

　　所謂喪禮，就是有關喪事的禮儀、制度。它既是一個人死後由親屬、朋友、鄰里等對其哀悼、紀念、評價的一種禮儀，又是一種埋葬逝者、殯殮祭奠的儀式。

　　從字源來看，「喪」是一個會意字，指人死亡。正如《說文解字》中所說：「喪，亡也。從哭，從亡，會意。亡亦聲。」《白虎通義·崩薨》中也做了同樣的解釋：「喪者，亡也。」至於為什麼稱人死為「喪」，《白虎通義·崩薨》說：「人死謂之喪何？言其喪亡，不可復得見也。不直言死，稱喪者何？為孝子之心不忍言也。」清代小學家段玉裁在《說文解字注》中也有類似的解釋：「凶禮謂之喪者，鄭《禮經》目錄云：『不忍言死而言喪。喪者，棄亡之辭，若全居於彼焉，已失之耳。』是則死日喪之義也。」大意是說，自己的親人亡故後，不忍心說「死亡」之類的字眼，就用「喪」字來指代人死亡。「葬」的本義是「藏」，特指掩埋亡者。而掩埋的目的，是「欲人之弗得見也」（《禮記·檀弓上》）。所謂「葬禮」，也就是有關殯葬逝者的禮儀。因為喪禮的主要程式就是埋葬逝者，所以也以「葬禮」代指「喪禮」。

　　喪葬禮儀是人一生中最後一個禮儀，表示著一個生命

的結束。出於對生命的敬畏和對逝者的尊重，古今中外都非常重視喪禮。

▎喪禮的起源

原始社會早期，人類過著穴居野外的生活，死者常常暴屍於野。《周易‧繫辭下》云：「古之葬者，厚衣之以薪，葬之中野，不封不樹，喪期無數。」大概指的就是人類早期野葬的情景。

原始社會後期，人類面對無法擺脫的死亡現象，演繹出了鬼神文化。人們開始相信人是有靈魂的，而靈魂是永存的，對活著的人既可以降福，也可以施禍，關鍵要看活著的人對逝者的態度和安葬的方式。如果逝者滿意，活著的人就可以平安無事，反之就會遭遇災禍。從這個意義上說，喪葬產生於早期人類的萬物有靈觀念。正是在這樣一種原始觀念的啟發下，才出現了安慰逝者靈魂、與亡靈告別、安排逝者生活的喪葬儀禮。

人類進入文明時代之後，喪禮逐漸具有了教化作用：借對逝者的哀悼，給活著的人以孝悌忠信的美德影響，以此教化民風。這也就是曾子所說的「慎終，追遠，民德歸厚矣」（《論語‧學而》）。

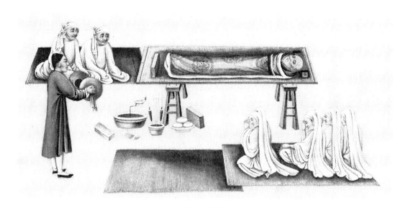

清代喪禮

　　經過長期的發展演變，喪禮逐漸形成了厚葬、隆祭、久祀的傳統。在靈魂不滅的觀念支配下，人們對喪葬的了解越來越具體、全面，越來越富於想像力和創造力，以至於後世出現了多種多樣的喪葬形式，出現了夫妻合葬、家族墓地、祭祀遠祖等習俗。同時，喪禮中也開始出現大肆鋪張的現象，如攀比墓室的精良、葬品的豐盛、葬禮的隆重等；甚至出現了違背人性的極端行為 —— 活人殉葬。這使古代的喪葬文化變得非常複雜，精華與糟粕並存。

▌傳統的喪葬形式

　　由於各民族的生活方式、地理環境及崇拜信仰等因素的差異，傳統的喪葬形式出現了多種類型。

　　土葬是將逝者遺體入土埋葬的喪葬方法，起源於原始社會。這是舊時最普遍的一種喪葬形式，其具體方式在各地不盡相同。一般用棺木盛殮逝者的遺體，在事先選好的墓地掩埋，並在上面堆成墳頭作為標記。

　　土地是人們生存的根基，對土地的依賴和崇拜，使人們逐漸形成了「生命源於泥土」，死後要「落葉歸根」「入土為安」的觀念。《禮記·祭義》中「眾生必死，死必歸土」的記載，就展現了這一傳統觀念。同時，只有在土葬的墳墓前，人們才能年年歲歲追悼逝者，緬懷故人。

　　火葬是一種將逝者遺體用火焚化的喪葬方法。這一習俗起源於原始社會，展現的是讓逝者在烈火中永生的原始觀念。《荀子·大略》、《呂氏春秋》中就記載有古代氐、羌等少數民族的火葬風俗。東漢時期，佛教傳入。隨著佛教影響力越來越大，佛教僧侶死後所採用的火葬形式，逐漸被一些信眾所接受。後來，火葬之風進一步蔓延到民間。儘管如此，古代大多數人仍不接受這種喪葬形式。

　　現代社會，新式火葬已被人們普遍接受，整個火化、喪葬儀式比之傳統的土葬儀式更為衛生、簡潔、文明。舊時的報喪環節被新式的訃告所替代，舊時複雜的喪服被身著素服、臂戴黑紗、胸佩白花的新式樣所取代。追悼會和遺體告別儀式替代了過去冗長繁雜的入殮儀式，花籃、花

圈替代了紙錢等。喪葬形式的文明化，是人類更理智，更成熟，更富有人文情懷的表現。

除土葬、火葬之外，古今中外還有許多比較特殊的喪葬形式，比如天葬、水葬、風葬、懸棺葬、樹葬、坎葬、冰葬、太空葬等。不同的喪葬形式，表達的都是對逝者的懷念和對生命的尊重。

▌喪禮過程

預備

所謂喪禮的預備，是指在親屬去世之前所做的準備工作。老人如果享盡天年，壽終正寢，民間稱為「喜喪」。《清稗類鈔·喪祭類》中就說：「俗有所謂喜喪者，則以死者之福壽兼備為可喜也。」這樣的喪事，子孫往往在老人去世之前做一些必要的準備工作。

民間傳統的喪禮預備通常包括三項內容：

- **做壽衣**：壽衣就是在老人生前做好備用的殮衣，具體又包括壽衣、壽帽、壽鞋、壽枕、壽被等。按民間習俗，壽衣必須在老人去世之前穿好。因為民間相信提前替老人做好壽衣或穿上壽衣，能讓老人更加長壽。做壽衣也有許多講究，比如衣料多用絹、棉（取「眷戀」、「緬

懷」之意），不用皮裘、綢緞；壽衣的件數忌雙喜單，多為「五領三腰」（五件上衣、三件裙褲），或者上七下五、上九下七等。

- **做壽材**：壽材一般是指在老人生前預備下的棺材，又稱「壽棺」、「老房」等。盛放著遺體的棺材則稱為「靈柩」，正如《禮記・問喪》中所說：「在床曰屍，在棺曰柩。」普通的棺材一般用松木、柏木、柳木等木料製作，高級的則用杉木或楠木製作，以示千年不朽之意。

- **做壽墳**：壽墳是在老人生前準備的墳墓。過去民間迷信風水，認為風水的好壞能決定葬者一家的吉凶禍福甚至子孫的未來，因此做壽墳必須請陰陽先生選擇風水寶地。《聊齋志異・堪輿》講的就是看風水、選墳地的故事。

預備喪禮的目的，一是沖喜，希望老人轉危為安；二是進一步表示子孫的孝心。

於受萬《聊齋全圖・堪輿》

169

叫魂與招魂

　　叫魂與招魂都是喪禮過程中呼叫亡靈的古俗傳承，與古老的靈魂信仰有關。《儀禮·士喪禮》中就介紹了當時詳細的招魂儀式；《楚辭》中也有一篇題為〈招魂〉的詩，反映了當時楚國流行招魂的風俗。叫魂與招魂的不同之處在於，叫魂通常是在老人臨終之時，招魂則一般在老人去世之後。古代的叫魂與招魂儀式都是由被稱為「復者」的專職人員具體執行，後世則多由逝者的子女或親屬代辦。

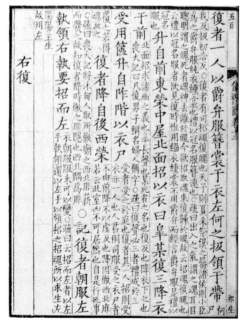

《儀禮·士喪禮》中關於招魂儀式的記載

古人認為，人之將死，靈魂出竅。這時若能讓魂魄歸舍，就能恢復人的元氣，延年益壽。因此就有了人死之前的叫魂儀式。這一儀式延續到現在，各地雖不盡相同，卻也大同小異，一般都是子女和親屬圍繞在病危者床前，不停地喊，希望老人或病人能夠恢復精神，轉危為安。這實際上是一種送終儀式。

招魂的方式則完全不同。古代招魂的具體形式是：招魂者手持逝者生前的衣服，從屋子的前面爬到屋頂上，呼叫逝者的名字 —— 男呼名，女呼字，共呼三聲。據說逝者聽到自己的名字、看到自己的衣服，就會隱藏在衣服裡面；否則將成為遊魂，不得安寧。然後招魂者將衣服捲起來，從屋子的後面下來，將衣服覆蓋在逝者遺體上，據說這樣就能使靈魂守舍。這一風俗一直流傳於民間，尤其是客死異鄉者，民間傳說如果不招魂，亡靈就會一直漂泊異鄉，孤苦無依。

指路

指路是民間喪葬儀式中為逝者指示去西天極樂世界之路的儀式。這是佛教傳入之後興起的喪葬風俗。

指路的時間，一般是在逝者去世的當天晚上。屆時喪家置辦各種紙紮 —— 包括紙人、紙馬、紙轎，以及金山

銀山、搖錢樹、牌坊、門樓、宅院、家禽等用紙紮製、供喪禮焚燒的紙製物品，由族長或本家長輩指引，孝子及本家親屬將紙紮抬至大門外焚化。一般是「男騎馬，女坐轎」，即男性逝者焚燒紙馬，女性逝者焚燒紙轎。焚燒紙紮時，逝者的子女、親屬還要高喊「騎著馬／坐著大轎上西南」之類的話，為亡靈指引去西天極樂世界的路途。

指路儀式的具體形式，各地大同小異。據說這樣逝者就不會迷失路徑，可以順利升入西天極樂世界。

報喪

所謂報喪，是指透過某種信號向親友、鄰里和公眾宣示家中有喪事的儀式。如《儒林外史》第二十二回：「（卜老爹）說著，把身子一挣，一頭倒在枕頭上，兩個兒子都扯不住，忙看時，已沒了氣了。後事都是現成的，少不了修齋理七，報喪開吊……」

報喪的方式各地不盡相同。近處報喪多用公示的方式——或在大門前懸掛旗幡（比如招魂旛）、白布、紙條，通常還要在旗幡、白布條上面掛一串紙錢，紙錢的數量與亡者的年齡相同；或透過放鞭炮、敲鑼等方式向鄰里報信。逝者若為男性，紙條掛在門左；若為女性，紙條掛在門右。紙條數量則是亡者的年齡外加兩條（表示天和

地）。人們只要看到喪家門前懸掛紙條的位置和數量，就能知道逝者的性別和年齡。而福建、廣東某些地方，則是透過鳴放鞭炮來報喪，稱為「報喪炮」。

遠處的親友，則一般透過發喪帖的方式報喪。喪帖，俗稱「帖子」。發帖子通知親友的方式，各地比較通行，正式的稱呼叫「訃聞」。訃聞的文本（報喪的文告）則叫「訃文」（有的也直接叫「訃聞」）。訃文上一般列具逝者的職銜稱謂、生卒年月、享年壽數、出喪日期和墓地所在等簡略資訊。

停靈

停靈即將逝者的遺體安放在規定的地方，等待親友前來拜祭。這一風俗也由來已久。《儀禮·士喪禮》中說：「死於適室，幠用斂衾。」意思是說，如果老人在正屋內去世，要先用特製的斂被覆蓋其遺體。這裡說的就是停靈的風俗。

在發展過程中，停靈的儀式變得越來越複雜；停靈的具體形式，各地也有所不同。概括說來，停靈儀式的基本程序包括：為逝者沐浴；為逝者穿壽衣；為逝者含口，即在逝者口中放一枚銅錢或珠寶，這是「含玉」古俗的遺留；停屍，即將逝者遺體移至停屍床上；點長明燈，為逝

者照路；獻供，即為逝者奉獻食物，俗稱「倒頭飯」。至此，停靈的儀式方告完成。

停靈的目的，一是留出時間來選擇下葬的風水寶地，二是等候逝者親屬回家奔喪，三是解決養老撫幼和財產繼承問題。

至於停靈儀式的起源，很可能與古代的「假死」現象有關。所謂「假死」，就是各種原因引起的呼吸停止、心跳微弱、面色蒼白、四肢冰冷的症狀，處於這種狀態下的人看似已經死亡，實則仍有甦醒的可能。古代醫學不發達，難以分辨假死現象，因此不敢急於將逝者下葬，久而久之便形成了停靈的風俗——將逝者遺體停放三天，看看還能不能活過來。如果逝者三天內沒有甦醒，基本就可以確定他已離世了。

披麻戴孝

喪服，即居喪者所穿的衣服，也叫「孝服」。逝者大殮之後，子女、親屬按照與逝者關係的親疏遠近穿上不同的喪服，叫作「成服」（與三週年以後的「脫服」、「除服」相對應）。孝子、孝女一般是頭戴白布孝帽或孝巾，身披麻布孝服，腰纏粗麻繩，故俗稱「披麻戴孝」。

「麻」本為麻類植物的總名，古代專指線麻。線麻的

纖維長而堅韌，可織成麻布或做成麻繩。在古代，麻布衣多為窮苦人所穿，所以後世用它作為孝服，以示哀痛。麻繩則用作束縛孝服的麻帶，古代叫作「絰」。其中紮在頭上的叫「首絰」，纏在腰間的叫「腰絰」。《儀禮·喪服》中說：「喪服，斬衰裳，苴絰，杖，絞帶。」漢代鄭

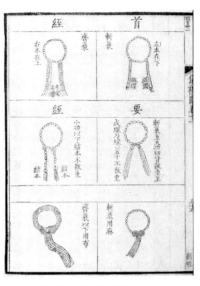

「首絰」和「要（腰）絰」

玄注曰：「麻在首、在要（腰）皆曰絰。」「斬衰裳」是一種用刀裁割的生粗麻布孝服。「苴」是指既開花又結子的線麻，即雌麻；「苴絰」即雌麻繩做成的帶子。漢代班固的《白虎通義·喪服》中解釋了「腰絰」的寓意：「腰絰者，以代紳帶也。所以結之何？思慕腸若結也。」意思是說：腰絰就是代替平時的紳帶來束縛孝服的東西。為什麼要打結呢？這是表示懷念逝者、愁腸若結的意思。

至於成服的時間，一般是逝者去世後的第三天，也就是《禮記·奔喪》中所說的「三日成服，拜賓送賓皆如初」。

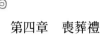

「送漿水」與「送盤纏」

「送漿水」是民間喪葬禮儀中為逝者送飯的儀式，一般在「指路」之後進行。為逝者準備的飯食一般用生米麵或麵粉加水和成，故稱「送漿水」，也稱「送湯」；因送漿水的地點多在當地的土地公廟，因此又叫「送廟」。

民間傳說閻王爺主管人的生死福祿、善惡賞罰；土地公是其手下的地方官，專門負責一方的生死事宜。人死後，魂魄要先去土地公那裡報到，在土地公廟羈留三天，由土地公驗明正身，查明善惡，再移送到閻王爺那裡。而亡靈羈留土地公廟期間，土地公不管三餐，因此需要家裡人送漿水。

送漿水的時間多在逝者去世後的當天或第二天，早飯、午飯、晚飯連送三次。如果沒有土地公廟，就改在離家最近的大路口舉行。

「送盤纏」是與送漿水類似的一項喪禮儀式，即為亡者送過路費的儀式。時間一般是在逝者去世後的第三天，地點仍然是家裡附近的大路口（過去也是土地公廟）。民間傳說，羈留在土地公廟的亡靈，要在這一天往閻王爺那裡去。為了不讓亡靈在旅途吃苦受累，逝者的親人便要在這一天為亡靈送盤纏。所送的盤纏，就是香紙、紙錢以及用黃白紙或金銀箔折疊的金銀元寶，有的地方還在上面寫

上逝者的姓名。過去送盤纏一般有祀廟和拜祭兩項內容，即首先在土地公廟焚香祭祀，祈求土地公不要刁難亡靈；然後再正式拜祭亡靈，將盤纏焚化，送亡靈上路。有的地方在焚燒盤纏的時候，還要焚燒各種紙紮，比如搖錢樹、金銀山、聚寶盆等，祝願亡者一路平安，不受苦難。

隨著社會的進步和科學的發展，現在人們已經知道世上並沒有什麼鬼神，自然也不再相信送漿水、送盤纏對去世的親人有什麼幫助。作為傳統喪禮保留下來的儀式，送漿水和送盤纏只是當代人寄託哀思的一種表達方式而已。

弔孝

弔孝是指親友接到訃聞後，前往喪主家中祭奠逝者並慰問喪主的儀式，也叫「弔喪」、「奔喪」、「弔祭」等。

親友收到喪帖或得知訃聞後，即按規定時間趕往喪主家中弔孝。弔孝者通常自帶香紙（俗稱「紙錢」或「錢糧」），並送挽幛（俗稱「白幛子」）、輓聯、花圈、弔錢（古稱「賻儀」）等。弔孝時，由喪家家族中的族長或長輩護喪，逝者的子女和長孫守喪，親友哭喪，表示對逝者的哀悼。

弔孝的風俗，最早見於《儀禮》、《禮記》等典籍。喪主與弔孝者的應答禮節，書中都有詳細的記載。比如

《儀禮‧士喪禮》中就說：「吊者入，升自西階，東面。主人進中庭。吊者致命，主人哭拜稽顙，成踴。賓出，主人拜送於外門外。」《禮記‧曲禮上》中說：「知生者吊，知死者傷。知生而不知死，吊而不傷；知死而不知生，傷而不吊。」意思是說：與喪主有交情，就慰問喪主；與逝者有交情，就哀悼逝者。和喪主有交情而和逝者無交情，就慰問而不哀悼；和逝者有交情而和喪主無交情，則哀悼而不慰問。可見，「吊」的本義是指對喪主的慰問，即《說文解字》中所說的「吊，問終也」；「孝」則是祭祀亡靈的意思。後世則不加區分，統稱為「弔孝」。如《三國演義》第五十七回「柴桑口臥龍弔孝」，就是寫諸葛亮在周瑜死後前去弔孝的故事。

《三國演義》「臥龍弔孝」

《禮記‧檀弓上》中還提出了三種不用弔喪的情況，即「死而不吊者三：畏、厭（壓）、溺」。「畏」指畏罪自殺的人，「厭」指不小心被壓死的人，「溺」指被淹死的人。因為這三種情況均為「不得其死」，也就是民間所說的不得善終者，所以親友都不用去弔喪。

《顏氏家訓》中說：「若相知者同在城邑，三日不吊則絕之。除喪，雖相遇則避之，怨其不己憫也。有故及道遙者，致書可也；無書亦如之。」大意是說：若親友與喪家住在同一城市，三日內不趕去弔孝，就斷絕關係；就算是除喪之後在路上相遇，也要避開這位親友。有特殊情況或者路途遙遠的親友，也應該寫信慰問喪家，如果連封信都不寫，也要絕交。從中可以看出，人們對弔喪這一喪禮程式是非常重視的。

賻儀

賻儀，又稱「賻禮」，或直接稱「賻金」、「賻錢」，是指傳統喪禮中親友贈送喪家的布帛、錢幣等禮儀性物品。

賻儀的風俗由來已久，《禮記‧檀弓上》中就記載：「孔子之衛，遇舊館人之喪，入而哭之哀。出，使子貢說（脫）驂而賻之。」意思是說：有一次孔子到衛國去，正好

碰上一位掌管館舍的老熟人去世了。孔子就到喪家弔喪。出門後，他又讓弟子子貢解下驂馬（或是牛），當作賻儀送給了喪家。這一頗具人情味的喪葬禮儀，後世一直傳承不衰。比如《舊唐書・郭子儀傳》中寫郭子儀死後，「雖賻禮加等，輟朝增日，悼之流涕，曷可弭忘！」《元史・乃蠻臺傳》中說中書參知政事乃蠻臺「薨於家，帝聞之震悼，命有司厚致賻儀」。清代陳康祺《郎潛紀聞》卷十二中說，葉洮「告歸後，復入都，卒於旅舍。朝廷特給內帑賻之」。宋代蘇軾《上韓魏公乞葬董傳書》中說，董傳死後，「父子暴骨僧寺中，孀母弱弟，自謀口腹不暇，絕不能葬。軾與之故舊在京師者數人，相與出錢賻其家」。明代馮夢龍《喻世明言・沈小霞相會出師表》中寫沈煉（別號青霞）死後，「京中官員，無不追念沈青霞忠義，憐小霞母子扶柩遠歸，也有送勘合的，也有贈賻金的，也有饋賺儀的」。清代曹雪芹《紅樓夢》第十七回寫秦鐘死後，「賈母幫了幾十兩銀子外，又另備奠儀，寶玉去弔祭」。這三個例子都是個人捐助的賻儀。

《孔子聖蹟圖·脫驂館人》

作為傳統喪禮中的一道程序，賻儀具有「禮輕情意重」的人情味，更有眾人合力幫助喪家度過難關的助喪目的，充分展現了傳統禮儀中所蘊含的人文精神和敬畏生命、重視人情的深刻內涵。

服喪

服喪是指逝者的晚輩或平輩親屬在一定期限內透過穿孝服、佩戴孝標（孝識）等方式對逝者表示追思、哀悼的喪葬禮俗。古代也叫「丁憂」，俗稱「守喪」、「守孝」等。

古代服喪者所穿的孝服，遵循傳統的「五服制」（詳見後文）；後世則逐漸放寬了要求，只要穿白色、黑色之類的素色衣服即可。孝標則有黑紗、白花，現在又有孝章、孝徽等。

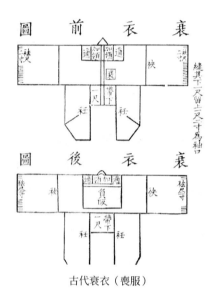

古代衰衣（喪服）

　　服喪的期限，按儒家禮制規定是三年。由於時間太長，多有不合人性、人情之處，因此後世經常會頒布新規定，最長的守喪期仍為三年，最短的則只有三十六天——用十二天表示十二個月。民間則通常遵循「守喪百日」的慣例，一百天之後就可以除去喪服。

　　服喪期間的禮俗規定（也可以說是服喪禁忌）很多，《禮記》中的許多篇目都有所涉及，在服喪者表情、衣飾、飲食、起居、婚姻、娛樂各方面都有規定。後世棄舊更新、刪繁就簡，使不同時代、不同地區、不同民族形成

了不同的服喪禮俗。其中最主要的禮俗有：服喪者應穿著孝服、佩戴孝標 —— 孝服以白色、黑色等素色為主，孝標一般視逝者性別，按男左女右佩戴；服喪者不得串門訪友，以示對逝者的追思和對親友的尊重，遇到特殊情況必須要外出者，要把孝標暫時寄放在靈位旁或靈桌上，俗稱「寄孝」；服喪者不得進出娛樂場所，不能參加婚禮等喜慶活動；服喪者不得上廟進香、瞻拜神佛，以免衝撞神靈等等，其中有些規定並沒有科學依據，但親人去世，難免使人心力交瘁，在一段時間內儘量避免參加公共活動，有利於逝者親屬身體和心理的調整，或許可以幫助他們早日回歸正常的生活狀態。

「五服制」

所謂「五服制」，是古代以親疏為差等的五種喪服穿戴制度，即斬衰、齊衰、大功、小功、緦麻。它不僅代表喪服輕重的五個級別，同時也代表著服喪者與逝者之間血緣關係的親疏遠近程度。日常生活中，有些同姓之人見面時總是習慣問：「出五服了嗎？」這裡所說的「五服」，就是指血緣關係的遠近 —— 如果出了五服，代表血緣關係比較遠；如果還沒出五服，代表血緣關係比較近。

五服

　　具體說來，斬衰是最重的一級孝服。它以最粗的生麻布製成，衣服左右和下面裁斷處不鎖邊，穿時衣縫向外。「斬」的本義是用刀砍、割的意思，代指剪裁；喪服中特指不縫衣服的邊緣。「衰」也寫作「縗」，喪服中指披於胸前的麻布條。這種喪服是逝者最親近的親屬所穿，如子與未嫁女為父母、兒媳為公婆、嫡長孫為祖父母、妻為夫，都要穿斬衰，期限為三年。

　　齊衰是次重級孝服，裁粗生麻布為之，斷處鎖邊。「齊」即鎖邊（也叫「緝邊」）縫齊之意，就是將喪服裁斷的邊緣用針腳縫齊。一般孫子為祖父母穿齊衰一年，曾孫為曾祖父母穿齊衰五個月，玄孫為高祖父母穿齊衰三個月。

　　大功是稍輕級孝服，用熟麻布為之，布料較齊衰稍細，縫製的針腳很大，故稱「大功」。一般是為伯叔父母、堂兄弟、未嫁堂姐妹服，期限為九個月。

　　小功是次輕級孝服，用較細的熟麻布製作，做工精細，針腳細膩，故稱「小功」。一般是為從祖父母、堂伯叔父母、未嫁祖姑堂姑、已嫁堂姐妹、外祖父母、母舅、母姨服，期限為五個月。

　　緦麻是最輕級孝服，用最細的熟麻布製成。「緦」即細麻布。一般為從曾祖父母、族伯叔父母、族兄弟姐妹、表兄弟、岳父母服，期限為三個月。

　　作為一種傳統的喪葬禮俗，「五服制」不僅是血緣親疏、關係遠近的象徵，也是人情、人性的展現。

圓墳與添土

　　圓墳是民間葬禮中的最後一道程式，即在逝者下葬後的第三天（也有在第二天或第一天的），親友到墳前為新墳添土，並祭奠逝者的儀式。

　　圓墳的習俗起源較晚，大約出現於清代，最早的記載見於晚清文康的章回小說《兒女英雄傳》第二十四回「認蒲團幻境拜親祠，破冰斧正言彈月老」中：何玉鳳的父母合葬後，「到了圓墳這日，安太太和媳婦也一早過來幫著

料理一切」。後來這一習俗在民間廣為流傳。

　　到了圓墳這天，逝者的家人、親友都要儘量參加。到了墓地後，親屬先要為新墳添土，然後擺上祭品祭奠逝者，最後焚化紙錢。期間還要讓逝者的孫子、孫女（俗稱「童男童女」）繞墳墓正轉三圈，反轉三圈，叫作「開門」。俗傳只有開門之後，生者方能與逝者進行正常的「交往」，逝者才能接受、享用生者供奉的食物、金錢等。有的地方則是所有參加祭奠的親友集體繞墳墓轉幾圈（到底轉幾圈，左轉還是右轉，各地有不同的講究和說法），在墳墓的周圍踩出一個圓圈，意思是為逝者畫出一塊領地，作為逝者的院子。講究的人家，每年逝者的忌日都要圓墳，為墳頭添土，直到第九年，稱為「圓九墳」。

　　「添土」則是民間喪葬習俗中為墳頭培土，將墳丘堆實、加高的儀式。因為俗信墳墓就是逝者的房子，俗稱「陰宅」。而逝者自己不方便修繕，因此需要生者來添土。一般說來，圓墳時要為新墳第一次添土，之後大部分人家都是在每年清明節上墳的時候為墳墓添土，也就是民間所說的為去世的親人修繕房屋。而其他上墳的日子，比如農曆七月十五中元節、冬至、清明節以及春節等，則無須添土。

「燒七」尋生緣

「燒七」是傳統喪葬文化中為了替死者求得生緣而做的法事，因為每隔七日祭奠一次，共做七次，總計四十九天，故稱「做七」，又稱「齋七」或「七七」，俗稱「燒七」。北宋釋道誠《釋氏要覽‧雜紀》中就說：「人亡，每至七日，必營齋追薦，謂之『累七』，又雲『齋七』。」

一般認為燒七的習俗來自佛教的輪迴轉世之說。按照佛教輪迴的說法，人死之後直到投胎轉世，以七日為週期，尋求生緣。一七不得生緣，更續一七，其中以五七最受重視，至七七必定轉生。因此，自佛教傳入之後，在傳統的喪葬文化中逐漸出現了燒七的風俗。有關燒七的文字記載，最早見於南北朝時期的歷史文獻中，比如《北史》、《魏書》、《北齊書》等。《北史‧胡國珍傳》中就記載了北魏胡國珍去世後，孝明帝下詔為他設千僧齋做七七的事情。燒七的風俗從此開始流行於民間。

清代錢泳在《履園叢話‧考索》「七七」條中，又提出了一種不同的說法。他認為民間喪葬文化中的燒七習俗來自古代的「招魂」儀式。「七」諧音「期」，是期待的意思。「七七」的風俗是「以生者之精神，召死者之靈爽」，即期待逝者靈魂歸來、死而復生的意思。

至於「燒七」的具體儀式，各地雖有所不同，但大致

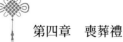

都要焚燒金銀山、搖錢樹、聚寶盆等紙紮以及高香、紙錢等物。

　　值得注意的是，傳統喪葬文化中的「燒七」與「上墳」習俗，其實是矛盾的。燒七是為逝者尋求生緣，並且傳說到第四十九天，逝者必得轉世，如果真的是如此，那其實也就不需要上墳了。而逝者去世後，生者一年上墳數次，這明顯是認為逝者沒有轉世。其實，在民間，這種自相矛盾的信仰、傳說非常多。隨著時代的發展和社會的進步，人們已經認清傳統喪葬文化中的一些信仰、禁忌是毫無科學依據的。但傳統喪禮中的許多儀式，仍舊作為人們寄託哀思的象徵性儀式被保留了下來。

紙錢

　　紙錢，是傳統喪葬文化中給逝者或鬼神當錢用的紙片，又稱「紙銅錢」或「冥錢」、「冥幣」等。紙錢的形狀有兩種：一種是圓形方孔、形如銅錢者，多用於喪葬或祭祀時向空拋撒，或懸掛於墓地；另一種是長方形的草纖維紙，一捆稱為一「刀」，使用時做成蓮花狀或折成長三角形，講究的還用木印在紙上打上一些錢形的印文，多用於墓前焚化。

　　喪葬文化中拋撒或焚化紙錢的習俗，來源於民間信仰中「靈魂不滅」的傳統觀念。古人普遍相信，人的死亡只是換了一種生活方式。普通人生活在陽世，人死之後，靈魂會到陰間繼續生活。因此，殉葬、焚化紙錢等喪葬風俗便出現了。據史料記載，漢代就出現了將銅錢埋於墓中的殉葬風俗，當時稱為「瘞錢」。東漢蔡倫改良造紙術後，殉葬用的銅錢逐漸演變成了紙錢；給逝者使用的紙錢也不再埋於墳墓中，而是拋撒於空中，或懸掛於墓地，或是焚燒於墳前。魏晉以後，拋撒或焚化紙錢的習俗廣為流行，並且不再限於喪葬儀式，也用於祭祀鬼神。唐代詩人張籍的〈北邙行〉中就描寫了當時人們寒食掃墓時焚化紙錢的情景：「寒食家家送紙錢，烏鳶作窠銜上樹。」宋代孟元老《東京夢華錄》「中元節」條中也記載了農曆七月十五盂蘭盆會時焚化紙錢的風俗：「以竹竿斫成三腳，高三五尺，上織燈窩之狀，謂之盂蘭盆。掛搭衣服冥錢，在上焚之。」

　　焚化紙錢的風俗一直流傳到現在。雖然現在人們已不再相信鬼神之事，但在墓前焚化紙錢無疑寄託著人們對逝者的哀思和對親人的懷念。

▍對傳統喪禮的思考

　　萬物有生必有死，生老病死是不可違逆的自然規律。出於對生命的敬畏和對親情的重視，傳統文化中關於生死的風俗、儀禮異常豐富、隆重、繁瑣。生且不論，僅正式的喪禮就包括送終、叫魂、小殮、指路、報廟、送漿水、送盤纏、大殮、成服、報喪、弔孝、守靈、出殯、哭喪、起靈、發引、路祭、擇地（選擇風水寶地）、開壙、祭林、下葬、圓墳等幾十道程序，逝者入葬後的祭掃活動又包括燒七、百日、週年（即死者的忌日），以及清明、中元、春節等時節的上墳、添土等，多的一年要上十幾次墳。

　　祭奠亡靈、懷念親人本為人之常情，無可厚非。然而，喪禮中卻存在許多不合常理、有悖常情之處。清朝初年，山東人趙執信就在《禮俗權衡》「居喪」篇中指出了「送漿水」習俗的不合理性。他在書中責問：「以桶水覆地而飲之，是視其親為何物耶？」意思是說，送漿水的時候，把漿水倒在地上讓逝者吃喝，這是把過世的親人當成什麼了？言外之意很明顯：只有餵禽畜的時候，才把東西丟在地上讓牠們吃；而送漿水時把飲食倒在地上讓逝者吃，這是很荒謬的風俗。前文也指出了「燒七」與「上

墳」的矛盾性。可見，類似不合理的風俗在民間喪禮中並不少見。

不僅如此，民間喪葬禮俗中還存在兩極化傾向，即對靈魂轉世的嚮往和恐懼，或者說是對死者的懷念和對鬼魂的恐懼。一方面，繁瑣複雜的喪葬禮儀、祭掃活動，表明了生者對逝者的懷念之情。另一方面，生者又害怕逝者的靈魂回到自己的家中。比如上墳結束後，上墳的人回家的時候要回頭三次，意思是讓逝者「不要遠送」，其實是怕墳中的亡靈跟著上墳的人回家。這又表現出對鬼魂的恐懼之心。總之，傳統喪禮與鬼神迷信有著千絲萬縷的關係。在信科學、講文明的當代社會，傳統喪禮中的一些儀式顯然應該被改變甚至淘汰。

因此，我們對傳統的喪葬禮儀應該辯證分析，客觀對待，以更加文明的喪葬儀式寄託對逝者的哀思。

電子書購買

國家圖書館出版品預行編目資料

人生儀禮，出生、成年、結婚、喪葬四大事：
最古老、最瑣碎、最難以理解的繁文縟節，現
在這個時代的年輕人，聽到只會覺得好納悶！
/ 韓品玉 主編；徐文軍，王靜，馬瑋楠 編著．
-- 第一版 . -- 臺北市：崧燁文化事業有限公司，
2023.06
面；　公分
POD 版
ISBN 978-626-357-408-3(平裝)
1.CST: 民俗 2.CST: 禮儀
538.82　　112007650

人生儀禮，出生、成年、結婚、喪葬四大事：最古老、最瑣碎、最難以理解的繁文縟節，現在這個時代的年輕人，聽到只會覺得好納悶！

臉書

主　　　編：韓品玉
編　　　著：徐文軍，王靜，馬瑋楠
發 行 人：黃振庭
出 版 者：崧燁文化事業有限公司
發 行 者：崧燁文化事業有限公司
E - m a i l：sonbookservice@gmail.com
粉 絲 頁：https://www.facebook.com/sonbookss/
網　　　址：https://sonbook.net/
地　　　址：台北市中正區重慶南路一段六十一號八樓 815 室
Rm. 815, 8F., No.61, Sec. 1, Chongqing S. Rd., Zhongzheng Dist., Taipei City 100, Taiwan
電　　　話：(02) 2370-3310　　　傳　　　真：(02) 2388-1990
印　　　刷：京峯彩色印刷有限公司（京峰數位）
律師顧問：廣華律師事務所 張珮琦律師

定　　　價：299 元
發行日期：2023 年 06 月第一版
◎本書以 POD 印製